Ein Gruß aus unserer Genießerküche

In der Südtiroler Esskultur gilt es eine Vielzahl gastronomischer Kostbarkeiten zu entdecken; sie sind ein kulinarisches Erlebnis ohnegleichen. Nicht zufällig stehen in dieser Tradition heute wieder ganz bewusst Restaurants mit höchstem Anspruch.

»Klassiker aus Südtirol« präsentiert Genussvolles für den Gaumen nicht nur in anschaulicher Form, sondern will auch Denkanstöße liefern, damit wir Kochen und Essen wieder als natürliches und sinnliches Erlebnis begreifen. »In der Echtheit liegt die Qualität«, sagt man. In diesem Sinne will das Buch nicht nur ein besonderer optischer Leckerbissen sein, sondern auch ein treuer Begleiter und Berater im Alltag. Das Kapitel Wein kommt dabei nicht zu kurz, ganz dem Sprichwort folgend: Ein Land ohne Wein hat keine große Küche. Jedes Gericht ist ohne Einsatz künstlicher Effekte, sondern allein durch das Auge des erfahrenen Food-Fotografen festgehalten. Alles wirklich Gute ist einfach, deshalb sind die Gerichte in diesem Buch im Grunde ohne Schwierigkeiten herzustellen. Um die Machbarkeit der Rezepte für Hobbyköche zu überprüfen, haben wir jedes Rezept in

einer Privatküche nachgekocht, die naturgemäß weniger Möglichkeiten an Geräten bietet als die Profiküche. Die einzelnen Gerichte wurden nach Schwierigkeitsgrad gekennzeichnet, damit sich jeder schnell orientieren kann.

Weiters war für uns das Markt- und Saisonangebot an War…
Zusam…
schen …
beim G…
hat – je…
tagen k…
Ihre Aut…

Helmut Bachmann

Gerhard Wieser

Heinrich Gasteiger

Inhalt

Echte Klassiker, die jeder kennt!

Warum wir so gerne Klassiker essen? Weil diese Rezepte uns schon ein Leben lang begleiten. Wir Köche erfinden die Küche nicht neu, sondern passen sie nur den allgemeinen Veränderungen an. Doch wie in allen anderen Bereichen des Lebens gab und gibt es auch am Esstisch, bei allem Wandel des Zeitgeschmacks, immer Dinge von zeitloser Schönheit: die beliebtesten klassischen Gerichte.
Was hat mehr Tradition als die großen Klassiker der mediterranen Küche wie **Ossobuco, Carpaccio, Lasagne, Spaghetti** oder die Südtiroler Küche mit ihren **Speckknödeln,** der **Weinsuppe** oder dem **Apfelstrudel?**
Hier finden Sie eine Auswahl der beliebtesten Gerichte in und aus Südtirol. Die Rezepte mögen also nicht nur zum Nachkochen anregen, sondern auch das Bewusstsein wecken, dass die Esskultur der Südtiroler Bergtäler zu einem guten Teil bäuerliche Wurzeln und ihren Ursprung in den sich selbst versorgenden Bauernhöfen von damals hat.
Vertrauen Sie auf bäuerliche Erfahrung, die natürlichen Südtiroler Produkte und verkosten Sie mit den schmackhaften Köstlichkeiten ein Stück traditionelles Südtirol.

So isst und lebt man in Südtirol

Die Eigenheit der Südtiroler Gastronomie besteht in einem geografisch, politisch und historisch bedingtem Gefüge: das fruchtbare Aufeinandertreffen zweier Esskulturen, der südlich mediterranen und der alpenländisch

Südtiroler Speckknödel

Tirtlen mit Sauerkraut

Schlutzkrapfen

Blutnudeln

kontinentalen, inspiriert die Kochkunst hierzulande.

Hinweis: Bei den warmen Vorspeisen liegen in Südtirol unangefochten die »Italiener« mit ihren vielfältigen Nudelgerichten an der Spitze.

Südtiroler Knödel

Auf die Frage nach dem typischen Tiroler Gericht würden die meisten mit »Tiroler Knödel« antworten. Was aber hat eine Kapelle mit dem Tiroler Knödel zu tun? Sehr viel. Die Burgkapelle von Hocheppan, in der Nähe von Bozen, beherbergt einen einmaligen Freskenzyklus, der um 1180 entstanden ist. Hier also, in der Burgkapelle, stößt man auf die erste und älteste Darstellung des Tiroler Knödels. Wir wissen nicht, welche Zutaten um 1180 in die Knödel gegeben wurden. Wie er heute zubereitet wird, das erfahren Sie in diesem Buch. Außer den **Speckknödeln** gibt es noch eine Vielzahl anderer Knödel wie **Spinat-, Käse-, Rohnen-, Buchweizen-, Semmel-, Fasten-, Leber-** und **Steinpilzknödel** und selbstverständlich die süßen Varianten, Knödel mit **Marillen- (Aprikosen-), Äpfel-, Erdbeer-, Zwetschgen-** und **Topfenfüllung.**

AUF DEM WEG ZUM INTERNATIONALEN NIVEAU

Die Küche unterliegt immer wieder aktuellen Modetrends. Die Speisekarten der meisten Südtiroler Gastbetriebe und Restaurants sind derzeit schwerpunktmäßig auf das ausgerichtet, was man als **bodenständige, verfeinerte Küche** bezeichnen könnte. Es handelt sich dabei um die Verfeinerung der *Neuen Küche*. Auf den Karten findet man aber auch Gerichte der italienischen Küche, der klassischen internationalen Küche sowie Tiroler Spezialitäten. Mit Freude konstatiert der *Feinschmecker*, dass sich heute in Südtirol eine – angesichts des kleinen Landes – stattliche Anzahl von guten Restaurants und Gourmetlokalen etabliert hat, die dem Gast ein beachtliches Niveau bieten.

Fastenknödel: Woher stammt der Name »Fastenknödel«? Früher war das kirchliche Gebot des Fleischfastens viel strenger und wurde strikt befolgt. So gab es freitags zum Mittagessen grundsätzlich nur fleischlose Fastenknödel mit Salat oder Rübenkraut.

- Fastenknödel sind auch unter der Bezeichnung Semmelknödel bekannt.

Apfelstrudel

Strauben

Krapfen

Südtiroler Zelten

- Fastenknödel eignen sich vor allem als Beilage zu Kalbs- oder Rindsgulasch, zu Schweinebraten und zum allseits bekannten Südtiroler Bauernbraten.

Tirtlen

Das Tirtl ist eine typische Pusterer Spezialität mit verschiedenen Füllungen, etwa aus gekochten Kartoffeln, Topfen, Spinat, Mangold, Brennnessel, Sauerkraut, Rübenkraut usw.

Schlutzkrapfen/Schlutzer

Im Südtiroler Dialekt gibt es das Wort »schlutzig« für rutschig, schlüpfrig. Davon kommt das Wort Schlutzkrapfen, die, vor allem wenn sie mit heißer brauner Butter übergossen werden, rutschig sind. Vielleicht wollte man sie mit dieser Benennung von den im Fett gebackenen Krapfen unterscheiden.

SCHLUTZKRAPFEN UND IHRE GESCHICHTE

Die Schlutzkrapfen wurden in Südtirol bereits vor rund 300 Jahren gegessen. Zumindest stammt aus dieser Zeit eines der wohl ältesten erhalten gebliebenen Rezepte, das heute im **Ahrntaler Bauernmuseum** aufbewahrt wird. Aber woher stammen die Schlutzer? Vermutlich gehen ihre Ursprünge auf die Nachbarregion **Venetien** zurück. Dort waren Teigtaschen – meist mit Fleischfüllung – schon länger bekannt. Die bäuerlich geprägten Pusterer, so mutmaßt man, nahmen jene Produkte, die vor ihrer Haustür gediehen, also **Kartoffeln, Spinat** und **Roggen(mehl).** Dementsprechend ist der Anteil an Roggenmehl im Schlutzerteig recht hoch. Zum Ausstechen des Teiges wurde meist ein altes Weinglas verwendet. Ihren Namen haben die Schlutzer vermutlich wegen ihres »glitschigen«, auf Südtirolerisch **»schlutzigen«** Aussehens nach dem Kochen. Das traditionelle Übergießen der Teigtaschen mit heißer Butter tut ein Übriges, um diesen Eindruck zu verstärken.

Blutnudeln/Schwoasnudeln

Im Sinne einer sparsamen Verwertung dessen, was beim Schlachten des Schweines anfiel, wurde auch das erste Blut in einer Schüssel aufgefangen. Damit es aber verwendet werden konnte, musste der Gerinnungsstoff, das »Fibrin« abgesondert werden (durch Rühren). Dazu verwendete man einen rauen Holzspan, an dem das Fibrin hängen blieb, sonst wäre das Blut verklumpt bzw. gestockt und hätte nicht mehr verarbeitet werden können.

Herstellung der Blutnudeln: Für den Nudelteig wurde das Blut mit dem Weizenmehl zu einem festen Teig verknetet. Mit dem Nudelholz oder der Nudelmaschine wurden Teigblätter ausgerollt, die zum Trocknen ausgelegt, zusammengerollt und zu Bandnudeln geschnitten wurden. Dann wurden sie getrocknet und aufbewahrt, bei Bedarf gekocht und mit zerlassener Butter und geriebenem Käse (Zieger oder Parmesankäse) bestreut und serviert.

Strudel

Der Strudel ist eine Mehlspeise, meist aus hauchdünn ausgezogenem **Strudelteig,** aber auch aus **Mürb-** oder **Blätterteig**, der gefüllt, aufgerollt und dann gebacken wird. Die bekannteste Strudelart in Südtirol ist der Apfelstrudel. Aber auch Kirsch-, Marillen- (Aprikosen-), Topfen-, Zwetschgen-, Trauben-, Birnen-, Nuss- und Mohnstrudel sind kulinarische Genüsse.

Strauben

Die Strauben sind Spezialitäten, die vor allem früher aufgetischt wurden, etwa beim Almabtrieb. Der Teig variierte; es gab Strauben aus Weinteig, Sauerteig, Teig aus Weizen- und Roggenmehl oder Hefestrauben.
Der flüssige Backteig wird mittels Straubentrichter spiralförmig in das heiße Fett gegossen und auf beiden Seiten gebacken. Die Strauben werden mit Staubzucker bestreut und mit Preiselbeer- oder Schwarzbeermarmelade serviert.

Der Krapfenteig lässt sich mit der Nudelmaschine oder mit dem Nudelholz leicht dünn austreiben.

Krapfen

Unter Krapfen versteht man in Südtirol in Fett gebackene Teigblätter in verschiedenen Formen **(rund, länglich, schmal,** groß, klein) und mit verschiedenen Füllungen (Sauerkraut, Sauerkraut und Kartoffeln, Spinat und Topfen/Quark, Topfen/Quark und Kartoffeln, Rübenkraut und Kartoffeln, Äpfel, Mohn, Kastanien, Preiselbeermarmelade).

Südtiroler Zelten

Der Zelten, auch Bauernzelten, Früchtebrot oder Kletzenbrot genannt, zählt zweifelsohne zu den Besonderheiten der Weihnachtszeit. Als Symbol für Fruchtbarkeit und Bestandteil von Heils-, Liebes- und Schadenzauber ist der Zelten in die Geschichte eingegangen.
Laut Überlieferung gab es früher für die Bauernfamilie auf dem Hof einen großen Zelten. Jeder Dienstbote erhielt einen kleinen Zelten von dieser seltsamen Köstlichkeit aus Roggenmischbrotteig, Walnüssen, Haselnüssen, Mandeln, kandierten Früchten (Zitronat/Orangeat) und Trockenfrüchten (Feigen, Sultaninen, Korinthen) usw.

Törggelen – ein alter Südtiroler Brauch

Nach der Weinlese ist seit jeher Törggelezeit in Südtirol. Die Tradition des geselligen Beisammenseins kommt von »Torggl«, wie die Weinpresse genannt wird, und nicht etwa vom Torkeln nach der Feier, wie böse Zungen immer wieder mutmaßen. Unbedingt verbinden sollte man diese Tradition mit einer herbstlichen Wanderung, nicht nur um den Herbst und die wunderbare Landschaft zu genießen, sondern auch um genügend Hunger mitzubringen.
Ursprünglich wanderte man von Hof zu Hof, um den »Suser«, den halb vergorenen neuen Wein, zu verkosten. Heute sitzt man beim Törggelen in geselliger Runde und genießt im urigen Buschenschank den frischen Traubenmost. Dazu isst man geröstete Kastanien, aber nicht nur.

Keschtn, a Nuier und a Gselchtes

Versteckt in ihrer stacheligen Hülle, fallen Kastanien von den Bäumen und laden zum Genießen ein.

Zum Törggelen gehört nämlich viel mehr als nur Kastanien. Die Ernte ist eingebracht, der Wein eingekeltert und die Natur hat den Menschen wieder allerlei Köstlichkeiten vermacht. Und so wird aufgetischt, was Hof und Keller hergeben: Das reicht von Speck und Käse bis zum selbst gemachten Brot, Geselchtem, also Geräuchertem, mit Sauerkraut und Knödeln, Schlutzern und hausgemachten Krapfen.
Hinweis: Erst wenn man Kastanien mit Suser genossen hat, ist der Törggeleabend perfekt. Sobald dann in einer gemütlichen Runde unter

Törggelegerichte	
Kalte Gerichte	Marende (Brettljause), Speck, hausgemachte Kaminwurzen, Gamskaminwurzen
Brot	hausgemachtes Nussbrot, Bauernbrot, Vinschgerlen, Schüttelbrot
Suppen	Gerstsuppe, Kürbissuppe, Graukassuppe, Gulaschsuppe
Tirtlen	Spinattirtlen, Krauttirtlen, Kartoffelblattlen mit Sauerkraut
Vorspeisen	Knödel- oder Nockentris (Käse-, Spinat- und Pilznocken), Schüttelbrotbandnudeln, Schlutzkrapfen, Speckknödel mit Sauerkraut, Rohnenknödel
Käse	Graukäse mit Zwiebeln und Almkäse mit Pellkartoffeln
Fleisch	Bauernschöpsernes, Schweinsrippelen, Wildgerichte wie Hirschgulasch und Rehbraten, Törggelepfandl, Hauswurst, Gsurtes Spanferkelkarree, Bauernbratl, Blutwürste, Surfleisch, Schlachtplatte, Hauswurst mit Kraut, Pellkartoffeln mit Schnittlauchquark
Hausgemachte Mehlspeisen	Krapfen mit Füllungen aus Mohn, Kastanien, Preiselbeerkompott oder Marillenmarmelade (Aprikosenmarmelade), Strauben, Apfelkiechl
Säfte	hausgemachter Apfelsaft, Traubensaft
Schnäpse	selbst gemachter Treber, Nusseler, Himbeerler
Wein	Eigenbauwein, Most/Suser
Nüsse/Kastanien	Walnüsse, Haselnüsse, Kastanien

Eingeritzte Kastanien werden geröstet.

Freunden lustige Lieder angestimmt werden, ist die alte Tradition wieder lebendig.

Most/Suser/Nuier

Der Most der Trauben, der erst zu gären begonnen hat, wird »Suser« genannt. Er wird durch Hefebakterien milchig-trüb und ist auf alle Fälle noch süßlich.
Der neue Wein, also ein späteres Stadium in der Weinproduktion, heißt »Nuier«. Der neue Wein ist wie der Most ein Produkt des Jahres, in dem er getrunken wird.

Kastanien, die perfekte Herbst-Nascherei

Im Herbst bis nahezu hinein in den Winter sind sie reif und werden als heiße Delikatesse angeboten. Sie gelten als Gabe des Herbstes und Winters – doch eigentlich könnte man sie das ganze Jahr über in der Küche einsetzen, so vielseitig ist die Verwendung der Kastanien.
Ob **glasiert, gebraten, getrocknet, kandiert** oder **gekocht,** Kastanien sind äußerst delikate Früchte. Sie veredeln Braten, etwa in der Semmelfüllung, schmecken gut im Gemüse, besonders bei Rotkraut, eignen sich als sämige Suppe. Und als Dessert kommen sie etwa als »Kastanienreis« oder bei der Kastanientorte, dem Kastanienherz usw. bestens zum Einsatz.
Kastanien können geschält oder ungeschält gekauft werden. Sie kommen auch getrocknet, gemahlen oder tiefgefroren in den Handel. Eingefroren halten sich die Früchte bis zu einem halben Jahr.

Kastanien in der Küche

Ab Oktober gibt es Kastanien. Sie sind der Inbegriff des Herbstes, glänzende Edelkastanien, auch Maronen genannt. Kastanien sind nur in den Wintermonaten frisch im Handel erhältlich. Sie werden während dieser Zeit auf vielen Weihnachtsmärkten als »geröstete Kastanien« angeboten.

Zubereitung	Roh darf man die braunen Früchte nicht essen, sie müssen gekocht, gebraten oder geröstet werden.
Kochen	Dafür werden sie zuerst eingeritzt und dann etwa 20 Minuten in Wasser gekocht, bis die Schale aufspringt.
Rösten	Zum Rösten entweder für 15–20 Minuten in eine gelochte Pfanne geben, auf offenem Feuer rösten oder auf ein Blech geben und im Backofen bei 200 Grad rösten.
Schälen	Man kann sie auch nur auf der Herdplatte (Holzofen) rösten, bis die Schale aufspringt. Wenn die Früchte etwas abgekühlt sind, lässt sich die Kastanie mit den Fingern schälen.

Kastanienbuchteln

Doch auch in der Küche lassen sie sich gut mit anderen Gerichten kombinieren. Sie wärmen nicht nur klamme Finger, sondern versorgen uns auch mit hochwertigem Eiweiß und reichlich Mineralstoffen. Kulinarisch gesehen sind Esskastanien nicht nur zum Rösten geeignet.
Hinweis: Durch Kochen oder Rösten wird die in den Kernen enthaltene Stärke in Zucker verwandelt und die Aromen der Kastanien können sich voll entfalten. Die Früchte entwickeln eine sahnig-cremige Konsistenz.
Verwendung: Kastanien werden gefroren, getrocknet, oder eingelegt angeboten. Sie passen zu Wildgerichten, Huhn, Truthahn, Gans und verfeinern Süßspeisen.

Kastanienprodukte

Kastanienhonig: Wenn die Edelkastanien blühen, sammeln die Bienen den Nektar für dieses rotbraune, zartbittere Naturprodukt. Als Belag auf Brot, zum Süßen von Desserts, Kuchen, Tees, Glühwein und als Begleiter zu Käse.
Kastanienmehl: Schmeckt nussig und wird als Zugabe zu normalen Mehlsorten verwendet. Es eignet sich zum Backen von Brot oder feinen Teigwaren, Kuchen usw.
Kastanienpüree: Das Püree gibt es gesüßt und naturbelassen. Es eignet sich für Mousse, Eis, Füllcremen für Torten, als Bestandteil von Kuchen usw.
Eingelegte Kastanien: In Honig eingelegte Kastanien sind eine köstliche Zutat für Winterdesserts.

TIPP

Kastanien sollen fest und prall sein, die Schale soll glänzen und sich nicht eindrücken lassen – und keine Löcher (Wurmlöcher) aufweisen.

Südtiroler Speck

Speck gehört zweifelsohne zu den besonderen Spezialitäten Südtirols. Er ist das Ergebnis einer über Jahrhunderte gewachsenen Tradition im Lande. Die würzige Südtiroler Luft vermag es letzthin, dem nach allen Regeln der Kunst gepökelten und geräucherten Speck seinen einmali-

Speck und Schüttelbrot sind ein wahrer Genuss für den Gaumen.

gen, kernigen Geschmack zu geben, wenn er über Monate hinweg, stets sorgsam geprüft, zum Reifen aufgehängt wird.

Speck in der Küche

Die Vielfalt seiner Anwendungsmöglichkeiten in der Südtiroler Küche bürgt für erlesenen Genuss. Denken Sie nur an Speckknödel, Marende (Jause), Speck zum Törggelen.

Woran erkennt man guten Speck?

- Südtiroler Speck g.g.A. reift 22 Wochen und hat maximal 5 Prozent Salzgehalt. Billigware ist meist sehr salzig, die Reifezeit liegt oft weit unter 5 Monaten.
- Der nussig würzige Geschmack, ein ausgewogenes Verhältnis von Fleisch und Fettanteil und das feine Raucharoma sind Schlüsselmerkmale für guten Speck.

Lagerung

- Wenn Sie einen kühlen Keller besitzen, lagern Sie Speck dort unverpackt.
- Vakuumverpackten Speck nimmt man einige Stunden vor dem Verzehr aus der Verpackung, damit er atmer und sein Aroma entfalten kann.

Bauernbrot

Brot ist seit jeher eines der Grundnahrungsmittel, das notwendigste, das Menschen brauchen. Brot ist das Symbol für alle Nahrung.
Hauptbestandteil der vielen typischen Brotsorten Südtirols ist Roggenmehl, da Roggen aufgrund des Klimas, im Gegensatz zu Weizen, auch noch bis in Höhenlagen von 1600 Meter reifte. Weizen war wärmebedürftiger und wurde sehr sparsam, da sehr teuer, nur für die »Feiertagsbrote« eingesetzt.

Brot backen früher

Ein Bergbauer hat früher etwa vier bis fünf Mal pro Jahr in einem großen Holzofen Brot gebacken. Beheizt wurde dieser mit einem starken Holzfeuer im Inneren. Hatte sich ausreichend Hitze entwickelt, die von den Mauersteinen gespeichert wurde, so konnte die Glut heraus- und der vorbereitete Brotteig (Brote) hineingeschoben werden. Besonders beliebt waren die typischen »Breatlen«, die dann auf Brotgestellen aufbewahrt wurden. Dieses harte und trockene Brot wurde mit einer »Brotgrammel« zu Brocken zerkleinert und in Milch oder Suppe vor dem Verzehr eingeweicht.

Brotbacken auf einem Rittner Bergbauernhof – eine uralte Backtradition

Hinweis: Roggenbrot braucht eine »abfallende« Temperatur, das heißt, es wird zunächst bei einer hohen Temperatur, dann bei niedrigerer Einstellung fertig gebacken. **Germ** (Hefe) und **Sauerteig** sind die Triebmittel.

Brotgewürze

Erst durch die Zugabe des Sauerteiges erhält ein Roggenbrot seinen guten Geschmack. Man kann ihn selbst herstellen oder vorgefertigt kaufen. Für das typische Südtiroler Brot sind aber auch die besonderen Gewürze von Bedeutung. Neben **Kümmelsamen, Fenchelsamen** oder **Anis** darf **Brotklee** nicht fehlen. Das ist eine Pflanze, die auf Berghöfen angebaut wird. Blüten und Blätter lässt man trocknen, zerreibt sie dann und gibt sie zum Teig.

Brotklee, auch Zigeunerkraut genannt

Unser tägliches Brot!

Neben den Kartoffeln ist das Brot unser Hauptlieferant für Kohlenhydrate in Form von Stärke. Auch zur Deckung des Eiweißbedarfs trägt das Brot wesentlich bei. Dieses Eiweiß ist zwar biologisch nicht so wertvoll wie tierisches Eiweiß, durch den gleichzeitigen Verzehr von Milch, Käse, Topfen (Quark), Speck, Eiern, Fisch oder Wurst als Brotbelag wird es aber aufgewertet.

Traditioneller Käse

Die alpine und subalpine Landschaft Südtirols ist die Heimat der traditionellen Milchwirtschaft, die von den Bauern mit großem Einsatz erhalten wird. Die natürliche Haltung der Kühe auf den Almen mit besonders würzigen Kräutern und Gräsern sorgt für hohe Qualität und den reinen, herzhaften Geschmack der typischen Käsesorten wie **Stilfser, Pustertaler Bergkäse** oder **Lagreinkäse.**

Käse und seine Begleiter

Durch süße und pikante Dekorationen auf dem Teller ergeben sich geschmacklich interessante Kombinationen. Sie können Käse mit verschiedenen Früchten (Trauben, Birnen, Zwetschgen, Äpfel) und Nüssen (Walnüsse, Haselnüsse, Pinoli) sowie eingelegten Früchten (Birnen, Quitten,

Graukäse – Sein Geschmack ist würzig-rassig. Er schmeckt säuerlich und wird mit zunehmender Reife schärfer.

Zum Käsebuffet werden vielfach Trauben, Birnen, Nüsse usw. serviert.

Traditionelle Kartoffelernte im Herbst in Altrei im Unterland

Tomaten, Senffrüchte), mit Honig oder auch mit Chutneys servieren.

Kartoffeln, die feinen Begleiter

Die Kartoffel ist ein universelles Grundnahrungsmittel von hohem Nährwert. Südtiroler Kartoffeln zeichnen sich durch einen intensiven Geschmack aus. Das liegt am Anbaugebiet der Qualitätskartoffeln, das auf einer Höhe von mindestens 600 Meter liegen muss. Aufgrund der klimatischen Bedingungen reifen die Kartoffeln langsamer heran und entwickeln mehr Geschmack.
Südtiroler Kartoffeln werden vor allem im Pustertal von der **Pustertaler Saatbaugenossenschaft** angebaut.

Spargel, der Frühlingsbote

Essbar sind die jungen Triebe oder Sprossen, die je nach Sorte und Anbauweise Farbabstufungen von Weiß über Grün bis Violett aufweisen.

- Weißer Spargel schmeckt mild und behält seine weiße Farbe, weil er gestochen wird, bevor er die Erde durchbricht.
- Grüner Spargel verfärbt sich im Sonnenlicht. Er ist sehr zart, schmeckt würzig und wächst über der Erde, was die Grünfärbung bewirkt.
- Violetter Spargel wird gestochen, wenn die Köpfe die Erde durchstoßen haben, sodass sich diese durch den Lichteinfluss violett verfärben.

Anbau in Südtirol

Im Etschtal rund um Terlan, Vilpian und Nals sowie im Burggrafenamt und im unteren Vinschgau rund um Kastelbell wird der weiße Spargel, je nach Witterung, von April bis Ende Mai geerntet.

Weißer Spargel kurz vor dem Stechen

Südtiroler Gastronomie und ihre mediterranen Einflüsse

Das Besondere an der Südtiroler Gastronomie ist das Neben- und Miteinander zweier unterschiedlicher Esskulturen. Die südlich-mediterrane und die alpenländisch-kontinentale Kochkunst ergänzen sich hier zu einem wunderbaren Ganzen.
Bei den kalten und warmen Vorspeisen liegen in Südtirol unangefochten die Italiener

Klassisch-mediterrane Gerichte haben sich in Südtirol längst etabliert.

RINDER-CARPACCIO

Weil ihr der Arzt von gegartem Fleisch abgeraten hatte, erbat die Contessa Amalia Nani Mocinego 1950 in der legendären »Harry's Bar« in Venedig, die zu ihren Drinks auch etwas zu essen bot, eine Kleinigkeit aus rohem Fleisch. Hausherr Giuseppe Cipriani kam die Eingebung, Rindfleisch in hauchdünne Scheiben zu schneiden und mit frischem Pfeffer sowie Zitronensaft zu würzen. Seine Kreation servierte er als »Carpaccio«, weil die Farbe des Fleisches an das Rot der Gemälde des gerade ausgestellten venezianischen Renaissancemalers Vittorio Carpaccio erinnerte.

VITELLO TONNATO

So nennen die Italiener ihr »kaltes Kalbfleisch mit Thunfischsauce«. Beim Kalb erleben die Italiener die größte Fleischeslust. Niemand anderer in der Kochwelt serviert so viele und so originelle Gerichte vom fettarmen Jungrind, wie Ossobuco, Piccata, Saltimbocca.

ITALIENISCHE MINESTRONE

In der Minestrone vermählen die Italiener die Gemüsesuppe und den Eintopf – mal fest, mal flüssig. Fast jede Region hat ihr Rezept: Die Mailänder geben noch Reis dazu, andere Gegenden lieber Pasta, in Ligurien muss Pesto drinnen sein, und fast überall wird Käse (Parmesan) darüber gerieben und mit Olivenöl abgerundet. Oberstes Gebot ist im ganzen Land: die Frische der verwendeten Produkte. Dann schmeckt die Minestrone den Italienern heiß, lauwarm oder kalt – und sogar aufgewärmt.

LASAGNE

Die Lasagne ist typisch für die sinnenfrohe Küche in und um Bologna, der Metropole der Emilia Romagna. Zwischen breite Nudelflecken lässt sich vieles reichlich schichten. Deshalb gilt die Lasagne als Pasta-Markenzeichen für Bologna. Und allen, die lieber Spaghetti oder Makkaroni essen, bietet die älteste Universitätsstadt Europas ihre weltberühmte »Sauce alle bolognese«.

OSSOBUCO

Zu den gängigen kulinarischen Meinungen gehört, dass es in der italienischen Küche keine richtigen Saucen gäbe. Ossobuco liefert einen Gegenbeweis mit dem hoch konzentrierten und deshalb so köstlichen Fleischsaft, der durch das Köcheln entsteht. Das kuriose Gericht der Knochen (osso) mit dem Loch (buco) aus der Lombardei wurde 1475 durch Bartolomeo Platina aktenkundig, den ersten Bibliothekar des Vatikans.

TIRAMISU

Den Erfolg der bekannten Nachspeise des dessertarmen Italien reklamieren viele Regionen für sich: Das Piemont wegen der Löffelbiskuits, die Lombardei wegen des Mascarpone und meist Amaretto, die Toskana wegen ihrer für Herzog Cosimo III. Medici kreierten »Zuppa del duca« und alle weiteren Touristengegenden wegen des Espresso. Schon der Name Tiramisu (zieh mich hoch, mach mich munter) deutet auf jene clevere Mixtur aus »dolce vita« und Marketing hin.

mit ihren Antipasti und Nudelgerichten an der Spitze. Was die Fischgerichte angeht, so gibt es in Südtirol Forellen, Karpfen und Hechte aus Seen und Züchtungen. Doch die Mehrheit der Fische, die auf heimischen Tellern landet, kommt von auswärts. Bei den Tellergerichten und Hauptspeisen gibt es im Landesdurchschnitt eine Dreiteilung: Ein Drittel des Angebots entstammt der tirolisch-österreichischen Küche, ein Drittel der italienischen und ein weiteres Drittel stellen die Standardangebote der internationalen Küche dar.

Südtiroler Qualitätsprodukte

Die heute sehr erfindungsreiche Küche verbindet optimal alte **Südtiroler Tradition** mit **mediterraner Leichtigkeit.** Möglich wird das auch durch die enorme Bandbreite an Rohstoffen. Das Land Südtirol ist Ursprung hochwertiger Lebensmittel mit einem eigenen Qualitätszeichen. Erzeugnisse, deren Herkunft und Tradition Südtirol ist und die nach strengen Qualitätsbestimmungen hergestellt und verarbeitet werden, tragen das Qualitätszeichen »Südtirol« oder aber das europäische Ursprungszeichen der geschützten geografischen Angabe.
Insgesamt sind zehn landwirtschaftlich bzw. handwerklich hergestellte Gruppen von Qualitätsnahrungsmitteln geschützt:
Äpfel, Apfelsaft, Brot und **Apfelstrudel, Erdbeeren, Honig, Grappa, Speck, Rindfleisch, Milch-** und **Milchprodukte, Gemüse** (wie Blumenkohl, Radicchio und Spargel) und **Heil-** und **Gewürzpflanzen.**

Beeren

Frisch, saftig und gesund: Erd- und Himbeeren aus Südtirol wachsen in Höhenlagen bis 1800 Meter, unter anderem im Vinschger Martelltal. Da es in diesen Höhen kühler ist als in den großen Ebenen anderer Anbaugebiete, reifen die Beeren langsamer und entwickeln dadurch ein besonders volles und intensives Aroma. Beeren und Früchte sind die wichtigsten und natürlichsten Zutaten für Süßspeisen. Sie eignen sich zum Belegen von Kuchen und Torten, schmecken gebacken und als eigenständige Nachspeise.
An frischen, reifen Früchten kann nichts verbessert werden, es sei denn, man hilft zum Süßen mit etwas Zucker oder zum Erhalt der Farbe mit etwas Zitronensaft nach.

Erdbeeren

Erdbeeren sollte man nicht nur mit den Augen kaufen, sondern auch mit der Nase, denn eine aromatische Beere erkennt man an ihrem intensiven Duft.

- Erdbeeren sollte man so rasch wie möglich verbrauchen, da sie sehr schnell verderben. Sie eignen sich für den Frischverzehr mit oder ohne Zucker und Honig, mit Sahne, Joghurt, Topfen, für Obstkuchen, Frucht-

cremen, Bowlen, Aufläufe, Kaltschalen, Erdbeeressig usw.

- Erdbeeren lassen sich vielfältig kombinieren: mit Zitrusfrüchten, Wein, Sekt und Spirituosen, aber auch mit Pikantem wie Käse, Balsamico-Essig oder grünem Pfeffer.

Himbeeren

Die dunkelrote Beere entfaltet ihr volles Aroma, wenn sie erntefrisch zubereitet wird. Himbeeren verderben schnell, deshalb bald verzehren oder verwenden. Die Verwendungsmöglichkeiten der Himbeeren sind geradezu unbegrenzt:

- als Tortenbelag, für Rouladen, Schnitten, Obstkuchen
- als Frischobst, eventuell leicht gezuckert
- zu Joghurt, Topfen, heiß über Vanilleeis, als Halbgefrorenes
- für Himbeersaft, Himbeeressig, Marmelade oder als Zutat in verschiedenen Desserts
- Zum Einfrieren die Beeren auf einem Tablett ausbreiten und vorfrosten. Erst dann in Gefrierbeutel füllen.

Der Südtiroler Apfel

Durch die Berge vor Kälteeinbrüchen aus dem Norden geschützt, zum Süden hin dagegen weit offen, besitzt Südtirol ideale Voraussetzungen für den Obstanbau. Ein mildes Klima mit mehr als **300 Sonnentagen** im Jahr und kühlen Nächten macht Südtirol zum größten geschlossenen Obstanbaugebiet Europas.

Äpfel zählen zu den ältesten kultivierten Obstsorten. Über ein Dutzend Apfelsorten gedeihen im schönsten Obstgarten Europas, wie etwa **Golden Delicious, Royal Gala, Fuji, Pink Lady** und **Braeburn.**
Je nach Reifezeit unterscheidet man zwischen Sommer-, Herbst- und Winteräpfeln. Einige davon eignen sich sehr gut zum Einlagern wie Golden Delicious, Braeburn, Fuji.

- Der Hauskeller eignet sich zum Lagern, wenn er kühl und nicht zu trocken ist.
- Äpfel lassen sich, abgesehen vom Rohverzehr, vielseitig verwenden, unter anderem für die Zubereitung von Strudel, Apfelküchlein, Saft, Essig, Apfelmus, Schmarren, Kompott, Marmelade, Gelee und Eis.

[1] Granny Smith
[2] Golden Delicious
[3] Braeburn

Honig

Honig ist die älteste süßende Substanz. Er wurde lange vor dem Zucker verwendet. Man unterscheidet etwa zwischen **Blüten-** und **Waldhonig.** Seine traditionelle Verwendung fand der Honig beim Backen. Das Süßen von Brot mit

Honig führte zu zahlreichen Rezepten wie Gewürzkuchen, Zelten, Lebkuchen usw.

- Honig ist die älteste süßende Substanz, die im 18. Jahrhundert vom Zucker abgelöst wurde, da Zucker keinen Eigengeschmack besitzt. Genau diesen und weitere wertvolle Inhaltsstoffe aber schätzen Liebhaber am Honig.
- Gut verschlossen und dunkel gelagert hält sich Honig jahrelang und bleibt – falls eingefroren – auch flüssig. Bei Luftzufuhr zieht er Feuchtigkeit an. Dadurch kann er gären und sauer werden.

Gemüse, Heil- und Gewürzpflanzen

Genauso wie bei den Äpfeln und Beeren ist auch hier, neben der Fruchtbarkeit der Böden, das Klima hauptverantwortlich für die Güte: Sonnige Tage, kühle Nächte und große Höhenlagen bieten ideale Bedingungen für frische Kräuter und knackiges Gemüse wie **Weißkohl, Blumenkohl, Eisbergsalat, Radicchio** und **Kartoffeln.** Frisches Gemüse, Salate und duftende Kräuter benötigen kaum weitere Zutaten, um zu einem köstlichen Gericht zu werden. Am besten schmeckt, was die Natur uns gibt.

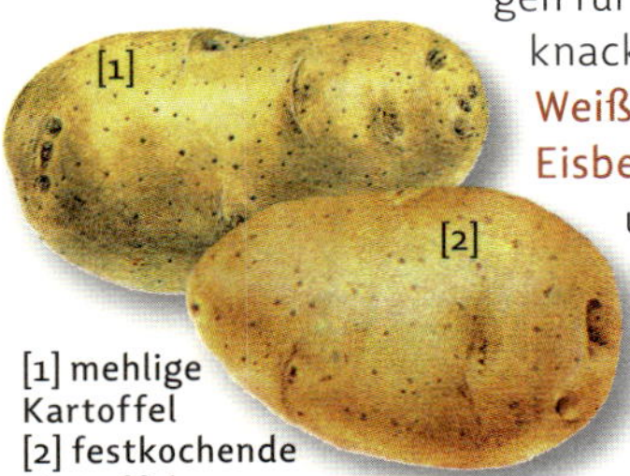

[1] mehlige Kartoffel
[2] festkochende Kartoffel

Beim Einkauf sollte man darauf achten, dass das Gemüse:

- nur für den unmittelbaren Bedarf eingekauft wird;
- der jeweiligen Jahreszeit entsprechend entwickelt und erntereif ist;
- von ausgeprägtem Geschmack und entsprechender Farbe ist.

TIPPS

- Gemüse ist ein unentbehrlicher Begleiter von Fleisch- und Fischgerichten. Es eignet sich aber auch hervorragend als eigenständige Speise, Vorspeise oder Salat und als vegetarisches Gericht.
- Gemüse, das nicht sofort verwendet wird, muss kühl, trocken und vor Tageslicht geschützt aufbewahrt werden.
- Geschnittenes Gemüse nicht lange liegen lassen, weder im Wasser noch an der Luft.
- Gemüse wird erst kurz vor der Zubereitung gewaschen, da Feuchtigkeit die Fäulnis beschleunigt und die Vitamine auslaugen.

Kräuter

Kräuter schmecken frisch am besten, sie können aber auch im getrockneten Zustand bestens verwendet werden.
So ist Würzen mehr, als nur zum Salzstreuer oder zur Pfeffermühle zu greifen. Gewürze sind das A und O in der Küche. Frische oder getrocknete Kräuter wie **Schnittlauch, Petersilie, Thymian, Minze** und **Melisse** geben jeder Speise erst den richtigen Pfiff und eine individuelle Note.
Gewürze haben die Aufgabe:

Schnittlauch

Petersilie

- Die Speisen zu verbessern, abzurunden, den Geschmack hervorzuheben, wie Rosmarinkartoffeln, Kümmelbraten usw.
- Die Verdauung und den Appetit anzuregen, um damit die Nahrung bekömmlicher zu machen.
- Aufgrund ihrer Geschmacksvielfalt können Kräuter sogar Salz und Zucker nahezu ersetzen.

Wein zu den Südtiroler Klassikern

So vielfältig die Südtiroler Küche mit ihrer Mischung aus alpenländisch-rustikaler und mediterran-leichter Kochtradition ist, so vielfältig sind auch die Möglichkeiten für die Wahl des richtigen Weines.

Was bei Gourmets als ungeschriebenes Gesetz gilt, sollte sich auch der Ab-und-zu-Weintrinker zu Herzen nehmen: **Zu einem regionalen Gericht sollte auch ein regionaler Wein getrunken werden.** Wer schon einmal in Frankreich war, wird in jedem Landgasthaus wie selbstverständlich lediglich französische Weine auf der Karte finden, in den allermeisten Fällen nur aus der näheren Umgebung.

Bei den Südtiroler Klassikern wie Knödel, Schlutzkrapfen, Tirtlen und deftigen Törggelegerichten sollte das Augenmerk also zuerst auf den Südtiroler Wein-Klassikern liegen, will heißen auf einem **Vernatsch** (Kalterer See Auslese, Magdalener usw.) oder einem **Blauburgunder** für leichtere Gerichte und einem kräftigen **Lagrein** für deftigere Speisen. Für letztere eignet sich auch eine Südtiroler Cuvée aus gehaltvollen Rotweinen, z. B. **Merlot** und **Cabernet Sauvignon.**

Für Furore sorgen in ganz Italien vor allem Südtirols Weißweine. Sie machen als Konsument deshalb nichts falsch, wenn Sie zu passenden Vorspeisen, zu weißem Fleisch oder Fisch zu einem Südtiroler Gewächs greifen, etwa einem **Weißburgunder, Chardonnay, Ruländer/Pinot Grigio, Riesling, Sauvignon, Kerner** oder **Gewürztraminer.**

Zu den Küchenklassikern italienischer Provenienz darf es umgekehrt natürlich gerne auch ein Wein aus der Toskana, Umbrien, Friaul oder dem Piemont sein. Ein **Chianti Classico** oder ein anderer **Sangiovese-Wein** aus der Toskana passt z. B. hervorragend zu Lasagne oder einem Ossobuco, zu letzterem harmonieren auch piemontesische Weine, beispielsweise ein **Barbera.**

Die Lagerung in Barriquefässern bürgt für beste Weinqualität.

Spargel mit Bozner Sauce

FÜR 4 PERSONEN

Zutaten

2 kg	weißer Spargel
1 TL	Butter
1 Prise	Zucker
2 EL	Weißwein
	Salz

Bozner Sauce

2	Eier
1 TL	Senf
	Salz
	weißer Pfeffer aus der Mühle
2 EL	heiße Fleischsuppe (siehe Seite 30) oder Wasser
50 ml	Öl
1 TL	Weißweinessig
1 EL	Schnittlauch, fein geschnitten

Weiteres

2 EL	Parmesan, gerieben
50 g	zerlassene Butter
8	Scheiben gekochter Schinken
1 EL	Schnittlauch, fein geschnitten
1 EL	Kresse

etwa 20 Minuten

Zubereitung

- Spargel vom Kopf weg mit einem Sparschäler (Spargelschäler) sorgfältig rundum schälen, dabei die Hand stützend unter den Spargel halten, damit er nicht bricht oder den Spargel flach auf eine umgedrehte Glasschüssel legen und schälen.
- Spargelstangen nach Stärke ordnen und mit einem Messer die holzigen, angetrockneten Enden abschneiden.
- Spargel portionsweise bündeln und mit Küchengarn zusammenbinden.
- Reichlich Salzwasser zum Kochen bringen, Butter, Zucker, Weißwein und Salz beigeben, Spargel hineinlegen und zugedeckt (weiße Serviette oder Küchenkrepp darauflegen, damit der Spargel vom Wasser bedeckt bleibt) kochen lassen.

Bozner Sauce

- Eier 7 Minuten kochen, in kaltem Wasser abschrecken, schälen und Eigelb vom Eiweiß trennen.
- In einer Schüssel Eigelb mit Senf, Salz, Pfeffer und heißer Fleischsuppe gut verrühren. Dann Öl langsam, aber kräftig einrühren.
- Mit Weißweinessig würzen, Schnittlauch sowie fein gehacktes Eiweiß untermengen.

Fertigstellung

- Gekochten Spargel vorsichtig mit einer Backschaufel oder Spargelzange aus dem Spargelsud heben, Küchengarn entfernen und den Spargel auf Tellern anrichten.
- Mit geriebenem Parmesan bestreuen, mit zerlassener Butter beträufeln und mit Bozner Sauce, gekochtem Schinken, Schnittlauch und Kresse garnieren und servieren.

TIPPS

1. *Bei warmem Spargel empfehlen sich Butterbrösel oder eine Sauce Hollandaise. Bei kaltem Spargel Remouladensauce oder Krensauce.*
2. *Anstelle von gekochtem Schinken eignen sich Speck, Rohschinken, gekochter Lammschinken.*

Kalbskopf sauer

FÜR 4 PERSONEN

Zutaten

400 g gekochter Kalbskopf (vom Metzger)
250 ml Fleischsuppe (siehe Seite 30)

Marinade

2 EL Essig
4 EL Öl
Pfeffer aus der Mühle
Salz
1 EL Schnittlauch, fein geschnitten

Salate

50 g Vogelesalat, gezupft
20 g Friséesalat, gezupft
20 g Rucola, gezupft

Weiteres

4 Radieschen, in Scheiben geschnitten, zum Garnieren

Zubereitung

- Den Kalbskopf aufschneiden oder schon vom Metzger in Scheiben schneiden lassen, auf einen Teller oder eine Platte geben und mit warmer Fleischsuppe leicht erwärmen.

Marinade

- Essig, Öl, Pfeffer, Salz und Schnittlauch vermischen.

Fertigstellung

- Die Salate waschen, auf den Kalbskopf geben und mit der Marinade beträufeln. Mit Radieschen garnieren und servieren.

VARIATIONEN

Kalbskopf mit Tomatenmarinade: Für die Tomatenmarinade vollreife Tomaten schälen und in Würfel schneiden. In eine Schüssel geben, mit Salz, Pfeffer aus der Mühle, einer zerdrückten Knoblauchzehe, Balsamicoessig und Fleischsuppe vermischen. Öl (zur Hälfte Keimöl und zur Hälfte Olivenöl) einrühren, einige Basilikumblätter in Streifen schneiden und hinzufügen. Die Tomatenmarinade über den geschnittenen Kalbskopf geben und servieren.
Gebackener Kalbskopf: 1 cm dicke Kalbskopfscheiben in Mehl wälzen, mit verquirltem Ei und Brotbröseln panieren und in Butter ausbacken. Noch warm mit Kartoffelsalat oder Röstkartoffeln und Remouladensauce servieren.

TIPPS

1. *Auch eine Salsa verde passt hervorragend dazu.*
2. *Sie können den Kalbskopf auch mit einem Kartoffel- oder Gurkensalat servieren.*
3. *Servieren Sie zum Kalbskopf Röstkartoffeln, Butterkartoffeln oder Kartoffelpüree.*
4. *Zum Kalbskopf passt auch ein Kräuter- oder Senfdressing.*

Carpaccio mit Pecorino und Sellerie

Für 4 Personen

Zutaten

360 g	Rindsfilet oder Spitzrose (kleine Nuss)
1	Zitrone, Saft
8 EL	Olivenöl
	Salz
	Pfeffer aus der Mühle

Weiteres

100 g	Bleichsellerie, in Scheiben geschnitten
12	Cocktailtomaten, halbiert
20 g	Rucola
80 g	Pecorino oder Parmesan, gehobelt

Zubereitung

- Vom Rindsfilet die Häute und Sehnen entfernen (parieren).
- Es gibt *zwei Methoden*, das rohe Fleisch hauchdünn zu schneiden:
- Das Rindsfilet in dünne Scheiben schneiden, zwischen zwei Klarsichtfolien legen und mit dem Schnitzelklopfer dünn klopfen.
- Oder das Filet fest in Klarsichtfolie wickeln, an den seitlichen Enden gut verschließen und etwa 2–3 Stunden ins Tiefkühlfach legen. Dann das Rindsfilet aus der Folie nehmen und mit der Aufschnittmaschine oder einem Küchenmesser in hauchdünne Scheiben schneiden.
- Zitronensaft mit Olivenöl, Salz und Pfeffer zu einer Marinade verrühren.
- Die Teller mit einem Teil der Marinade bepinseln.
- Das geschnittene Fleisch kreisförmig auf den Tellern anrichten, mit etwas Marinade beträufeln.
- Bleichselleriescheiben, Cocktailtomaten und Rucola mit der restlichen Marinade marinieren, über den Carpaccio geben und mit Pecorino oder Parmesan servieren.

TIPPS

1. *Als Garnitur eignen sich diverse Blattsalate, je nach Marktangebot, z. B. Vogelesalat, Lollo rosso, Eichblattsalat, Frisée, Radicchio, Kresse, Tomatenvinaigrette, Gemüse- oder Peperoniwürfel, in Öl eingelegte Melanzane, Basilikumpesto, Salsa verde, Steinpilze in Öl, Pfifferlinge in Öl, Artischocken in Öl oder roh, rosa oder grüne Pfefferkörner, eine Senfsauce, Frischkäsewürfel, Wachteleier, Balsamicoessig oder Knoblauchöl.*
2. *Das Anfrieren des Filets ist von Vorteil, weil das Fleisch eine festere Konsistenz bekommt und sich gut in hauchdünne Scheiben schneiden lässt.*
3. *Beim tiefgekühlten Fleisch tritt beim Aufschneiden allerdings Fleischsaft aus; das Fleisch verliert an Qualität.*
4. *Zum Carpaccio passt ein knuspriges Baguette oder Olivenbrot.*

Speckknödel in der Fleischsuppe

FÜR 4 PERSONEN, ETWA 8 KNÖDEL

Zutaten

150 g	schnittfestes Weißbrot oder Knödelbrot
50 g	Zwiebeln, in feine Würfel geschnitten
20 g	Butter
40 g	Mehl
100 g	Speck, in feine Würfel geschnitten
50 g	Kaminwurz, in feine Würfel geschnitten
2	Eier
100 ml	Milch oder Wasser
1 EL	Petersilie oder Schnittlauch, fein geschnitten
	Salz

Weiteres

1 l	Fleischsuppe (siehe Seite 30)
1 EL	Petersilie zum Bestreuen

etwa 20 Minuten

Zubereitung

- Weißbrot in kleine Würfel schneiden.
- Zwiebeln in Butter dünsten, über das Brot geben und vermischen.
- Mehl, Speckwürfel und Kaminwurz untermengen.
- Eier, Milch oder Wasser, Petersilie und Salz verrühren, über das Brot geben und alles gut vermengen.
- Die Masse etwa 15 Minuten ziehen lassen. Daraus Knödel formen und in Salzwasser halb zugedeckt kochen.
- Die Speckknödel in der heißen Fleischsuppe mit Petersilie bestreuen und servieren.

TIPPS

1. *Servieren Sie die Speckknödel auch als Beilage zu Schweinsbraten (Rippchen) oder als Hauptgericht mit Salat.*
2. *Verwenden Sie trockenes Knödelbrot und lassen Sie die Masse gut durchziehen.*
3. *Wenn Sie die Knödel mit einem Löffel oder einer kleinen Schöpfkelle formen, wird die Oberfläche glatter und die Knödel zerfallen nicht so leicht.*
4. *Je nach Geschmack können Sie den Speck auch anbraten, bevor Sie ihn zur Masse geben.*

Gerstsuppe

Für 4 Personen

Zutaten

1	Zwiebel
1 EL	Butter
30 g	Karotten, in Würfel geschnitten
30 g	Stangensellerie, in Würfel geschnitten
100 g	Gerste
1 1/2 l	Wasser
80 g	Selchfleisch
1	Lorbeerblatt
50 g	rohe Kartoffeln, in Würfel geschnitten
1 EL	Petersilie, fein geschnitten
	Salz
	Pfeffer aus der Mühle

etwa 1 1/2 Stunden

Zubereitung

- Zwiebel schälen, in Würfel schneiden und in Butter dünsten.
- Karotten- und Stangenselleriewürfel dazugeben und etwa 5 Minuten mitdünsten.
- Gerste in kaltem Wasser waschen und in den Topf zum Gemüse geben.
- Mit Wasser aufgießen, Selchfleisch und Lorbeerblatt dazugeben und kochen lassen.
- 20 Minuten vor Ende der Garzeit die Kartoffelwürfel mitkochen.
- Das Selchfleisch herausnehmen und etwas auskühlen lassen. In Würfel oder kleine Scheiben schneiden und als Einlage in die Suppe geben.
- Zum Schluss die Suppe mit Petersilie sowie Salz und Pfeffer abschmecken und servieren.

TIPPS

1. *Um die Garzeit zu verkürzen, können Sie die Gerste 2–3 Stunden in kaltem Wasser aufquellen lassen.*
2. *Anstelle von Selchfleisch können Sie auch Bauchspeck verwenden.*
3. *Geben Sie als Einlage harte Schwarzbrotwürfel in die Suppe.*
4. *Servieren Sie Topfentirtlen (siehe Seite 82) oder Sauerkrauttirtlen zur Suppe.*
5. *Sollten Sie die Suppe sämiger bevorzugen, geben Sie während der Kochzeit 3 Esslöffel Sahne dazu.*

Südtiroler Weinsuppe

FÜR 4 PERSONEN

Fleischsuppe

- 500 g mageres Rindfleisch (Suppenfleisch) von Brust oder Wade mit Knochen
- 1 ungeschälte Zwiebel
- 50 g Karotten
- 50 g Stangensellerie
- 50 g Lauch
- 50 g Tomaten
- 3 l kaltes Wasser
- 1 Lorbeerblatt
- 4 Pfefferkörner, zerdrückt
- 1 Knoblauchzehe
- Salz

Weinsuppe

- 250 ml Fleischsuppe
- 125 ml Weißwein (Gewürztraminer oder Weißburgunder)
- 100 ml Sahne
- 3 Eigelb
- 1 Prise Muskatnuss
- 1 Msp. Zimt
- Salz

Weiteres

- 4 EL in Butter geröstete Brotwürfel

Fleischsuppe: etwa 2 Stunden
Weinsuppe: etwa 5 Minuten

Fleischsuppe

- Rindfleisch samt Knochen etwa 10 Minuten in Wasser kochen lassen, abgießen und Fleisch und Knochen mit kaltem Wasser abwaschen.
- Die überbrühten Knochen und das Fleisch in das kalte Wasser geben und langsam zum Kochen bringen. Dabei mehrmals Schaum und Fett abschöpfen.
- Zwiebel mit der Schale halbieren und mit der Schnittfläche nach unten in einer Pfanne bräunen.
- Nachdem die Suppe etwa 1 Stunde gekocht hat, die geputzte und gewaschene Karotte, Stangensellerie, Lauch, Tomate, gebräunte Zwiebel, Lorbeerblatt, Pfefferkörner und Knoblauch dazugeben und 1 weitere Stunde leicht kochen lassen, bis das Fleisch weich ist.
- Die Suppe durch ein Tuch seihen, entfetten und mit Salz abschmecken.

Weinsuppe

- 250 ml abgeschmeckte Fleischsuppe und Weißwein in einen Topf geben, Sahne mit Eigelb verrühren und ebenfalls zur Suppe geben.
- Anschließend die Suppe kontrolliert erhitzen und mit einem Schneebesen schaumig schlagen, ohne dass das Eigelb gerinnt (die Suppe darf nicht kochen).
- Sobald die Suppe eine cremig-schaumige Konsistenz hat, mit Muskatnuss, Zimt und Salz abschmecken.
- In Suppentassen füllen, den Schaum gleichmäßig darauf verteilen, mit gerösteten Brotwürfeln bestreuen und sofort servieren.

VARIATION

Biersuppe: Anstelle des Weißweines verwenden Sie Bier.

TIPP

Das gekochte Rindfleisch von der Fleischsuppe können Sie in Scheiben schneiden und mit Zwiebelringen, Essig, Öl, Salz und Pfeffer mariniert als Rindfleischsalat servieren.

Saure Suppe

FÜR 4 PERSONEN

Zutaten

50 g	Butter
80 g	Mehl
125 ml	Rotwein
1¼ l	Fleischsuppe (siehe Seite 30) oder Wasser
1	Zwiebel
½	Lorbeerblatt
1	kleine Essiggurke, in Würfel geschnitten
400 g	gekochte Kutteln
2 EL	Rotweinessig
	Pfeffer aus der Mühle
	Salz
1 TL	Zitronenschale, in feine Streifen geschnitten
4	kleine Lorbeerblätter zum Garnieren
	Rotweinessig

etwa 40 Minuten

Zubereitung

- Butter in einem Topf schmelzen lassen, Mehl dazugeben, glatt rühren und unter ständigem Rühren braun rösten.
- Die Einbrenn (Mehlschwitze) etwas auskühlen lassen, mit Rotwein und kalter Fleischsuppe oder Wasser aufgießen und alles gut verrühren.
- Zwiebel schälen und halbieren, Lorbeerblatt und die in Würfel geschnittene Essiggurke zur Suppe geben und unter ständigem Rühren etwa 20 Minuten kochen lassen, dann durch ein Sieb passieren.
- In der Zwischenzeit die Kutteln gut waschen, in gleichmäßige Streifen schneiden und zur Suppe geben.
- Die Suppe weitere 20 Minuten kochen lassen.
- Mit Rotweinessig, Pfeffer und Salz abschmecken, mit Zitronenschale und Lorbeerblättern servieren.
- Eventuell noch etwas Rotweinessig über die Suppe geben.

TIPPS

1. *Bei der Einbrenn ist es wichtig, dass das Mehl langsam bräunt; die Bindung der Suppe wird dadurch besser.*
2. *Als zusätzliches Gewürz können Sie auch Kapern verwenden.*
3. *Sehr gut schmeckt die Saure Suppe, wenn Sie einen hausgemachten Rotweinessig verwenden.*
4. *Geben Sie als Einlage harte Schwarzbrotwürfel in die Suppe.*

Kasnocken

Für 4 Personen

Zutaten

150 g schnittfestes Weißbrot oder Knödelbrot
30 g Zwiebeln
20 g Butter
100 g Käse (Bergkäse, Graukäse, Tilsiter)
2 Eier
100 ml Milch
2 EL Schnittlauch, fein geschnitten
Salz
Pfeffer aus der Mühle
1 EL Mehl

Weiteres

20 g Parmesan, gerieben
30 g braune Butter
2 EL Schnittlauch, fein geschnitten
50 g Salate zum Garnieren (Rucola, Friséesalat, Vogelesalat, Schnittlauchspitzen, Kerbel), mit Essig, Öl und Salz mariniert

etwa 15 Minuten

Zubereitung

- Brot in kleine Würfel schneiden.
- Zwiebel schälen, fein schneiden und in Butter dünsten.
- Käse in kleine Würfel schneiden und mit den gedünsteten Zwiebeln zum Knödelbrot geben.
- Eier mit Milch verrühren und zusammen mit Schnittlauch über das Brot gießen.
- Mit Salz und Pfeffer würzen und vermengen. Mehl dazugeben, die Masse durchkneten, bis der Teig zusammenhält, 10 Minuten ruhen lassen.
- Mit nassen Händen Nocken formen.

Fertigstellung

- Reichlich Salzwasser in einem großen Topf zum Kochen bringen, die Nocken in das siedende Wasser geben und kochen lassen.
- Herausnehmen, abtropfen lassen, auf Tellern anrichten und mit Parmesan bestreuen. Die braune Butter darübergießen, mit Schnittlauch bestreuen und mit den marinierten Salaten servieren.

Variation

Pressknödel: Die Kasnockenmasse mit Graukäse zubereiten, zu runden Knödeln formen und diese mit der Hand flach drücken. In einer Pfanne Butter erhitzen und die Pressknödel auf beiden Seiten braun braten. In der Zwischenzeit reichlich Salzwasser in einem Topf zum Kochen bringen und die Pressknödel darin etwa 8 Minuten köcheln lassen.

Tipps

1. *Servieren Sie die Kasnocken mit Kartoffel- oder Krautsalat.*
2. *Sie können die Kasnocken auch auf gedünsteten Lauchstreifen servieren.*
3. *Sie können statt Nocken auch **Knödel** formen.*

Schüttelbrotbandnudeln mit Graukäse

FÜR 4 PERSONEN

Nudelteig

50 g	Schüttelbrot, fein gerieben
250 g	Mehl
3	Eier
1 TL	mildes Olivenöl
	Salz

Weiteres

300 ml	Fleischsuppe (siehe Seite 30)
5 EL	kalte Butter
1 EL	Schnittlauch, fein geschnitten
100 g	Graukäse, zerbröselt
	Schnittlauchhalme zum Garnieren

Nudelteig

- Schüttelbrotbrösel, Mehl, Eier, Olivenöl und Salz zu einem Teig verkneten und etwa 20 Minuten zugedeckt ruhen lassen.
- Den Teig mit der Nudelmaschine dünn ausrollen und Bandnudeln schneiden.

Fertigstellung

- Fleischsuppe auf die Hälfte einkochen lassen.
- Mit kalter Butter, Schnittlauch und etwas Graukäse verfeinern.
- Die Schüttelbrotbandnudeln in reichlich Salzwasser kochen und in heißer Butter-Schnittlauch-Sauce schwenken.
- Die Nudeln mit einer Gabel aufdrehen, mit restlichem Graukäse bestreuen und mit Schnittlauchhalmen garnieren und servieren.

Bandnudeln: etwa 5 Minuten

TIPPS

1. *Sie können auch die Schüttelbrotbandnudeln (Fertigprodukt) vom So-kocht-Südtirol-Team verwenden.*
2. *Sie können die Schüttelbrotbandnudeln auch mit Wildragout, Kalbswangenragout, Gemüsesauce, Käsesauce oder mit Speck und gedünsteten Zwiebeln servieren.*
3. *Anstelle des Schüttelbrotes können Sie auch fein geriebenes Vinschger Paarbrot oder Schwarzbrot verwenden*
4. *Das Schüttelbrot können Sie am besten in der Moulinette oder im Mixer fein mahlen.*

Spinatspatzlen

FÜR 4 PERSONEN

Zutaten

150 g	gekochter Blattspinat
2	Eier
100 ml	Wasser
	Salz
1 Msp.	Muskatnuss
250 g	Mehl

Sahnesauce

80 g	gekochter Schinken
1 TL	Butter
200 ml	Sahne
1 EL	Parmesan, gerieben
	Salz
	Pfeffer aus der Mühle

Weiteres

40 g	geröstete Schinkenstreifen zum Garnieren
4	Parmesanspäne zum Garnieren
4	Lorbeerblätter zum Garnieren

etwa 4 Minuten

Zubereitung

- Blattspinat kleinschneiden und mit Eiern, Wasser, Salz und geriebener Muskatnuss im Mixer oder in der Moulinette pürieren.
- Mehl zum Spinatpüree geben und mit dem Kochlöffel zu einem glatten Teig verrühren.
- Mit dem Spatzlhobel den Teig in kochendes Salzwasser hobeln und umrühren.
- Die Spatzlen einmal aufkochen lassen und abseihen.

Sahnesauce

- Gekochten Schinken in Streifen oder Fleckerln schneiden und in Butter anrösten.
- Sahne, Parmesan sowie Salz und Pfeffer dazugeben und etwas einkochen lassen.

Fertigstellung

- Die heißen Spatzlen in der Sahnesauce schwenken, auf Teller geben und mit Schinken, Parmesanspänen und Lorbeerblättern garnieren und servieren.

VARIATIONEN

Brennnesselspatzlen: Anstelle des Spinats verwenden Sie junge Brennnesseln.
Bärlauchspatzlen: Anstelle des Spinats verwenden Sie Bärlauch.

TIPPS

1. *Die Spinatspatzlen können Sie zur Abwechslung mit Steinpilz- oder Champignonsauce zubereiten.*
2. *Für 150 g gekochten Spinat brauchen Sie etwa doppelt so viel frischen Blattspinat.*
3. *Sie können die Spinatspatzlen auch als Beilage zu Wildgerichten servieren.*

Südtiroler Schlutzkrapfen

FÜR 4 PERSONEN

Teig

150 g	Roggenmehl
100 g	Mehl
	Salz
1	Ei
50–60 ml	lauwarmes Wasser
1 EL	Öl

Füllung

150 g	gekochter Spinat (etwa 300 g frischer Spinat)
50 g	Zwiebeln, fein geschnitten
½	Knoblauchzehe, fein gehackt
1 EL	Butter
100 g	Topfen (Quark) oder Ricotta romana
1 EL	Parmesan, gerieben
1 EL	Schnittlauch, fein geschnitten
1 Msp.	Muskatnuss
	Salz
	Pfeffer aus der Mühle

Weiteres

2 EL	Parmesan, gerieben
1 EL	Schnittlauch, fein geschnitten
50 g	Butter

etwa 4 Minuten

Teig

- Beide Mehlsorten vermischen, kranzförmig auf ein Nudelbrett geben und salzen.
- Ei mit lauwarmem Wasser und Öl verquirlen, in die Mitte des Mehlkranzes gießen und von innen nach außen zu einem glatten Teig verkneten.
- Den Teig zugedeckt 30 Minuten ruhen lassen.

Füllung

- Spinat fein hacken, Zwiebeln und Knoblauch in Butter dünsten, Spinat hinzugeben und etwas auskühlen lassen.
- Topfen oder Ricotta romana, Parmesan und Schnittlauch dazugeben und mit Muskatnuss, Salz und Pfeffer würzen und gut verrühren.

Fertigstellung

- Den Teig mit der Nudelmaschine dünn ausrollen und möglichst schnell verarbeiten, damit er nicht austrocknet.
- Mit einem runden, glatten Ausstecher (etwa 7 cm Ø) Kreise ausstechen.
- Die Füllung mit einem kleinen Löffel oder mit einem Spritzsack in die Mitte geben.
- Den Rand mit Wasser anfeuchten und den Teig halbmondförmig zusammenfalten.
- Sofort mit den Fingern die Ränder andrücken.
- Die Schlutzkrapfen in Salzwasser kochen, mit einer Schaumkelle herausnehmen und auf Tellern anrichten.
- Mit Parmesan und Schnittlauch bestreuen.
- Butter schmelzen, über die Schlutzkrapfen geben und servieren.

TIPPS

1. *Sie können die Schlutzkrapfen auch nur mit Spinat füllen.*
2. *Sehr gut schmecken die Schlutzkrapfen auch mit gerösteten Steinpilzen oder Pfifferlingen.*

Kräuterrisotto

FÜR 4 PERSONEN

Zutaten

40 g	Zwiebeln, fein geschnitten
40 g	Butter
300 g	Rundkornreis (Arborio,Carnaroli oder Vialone Nano)
80 ml	Weißwein
etwa 1 l	Fleischsuppe (siehe Seite 30) oder Wasser
	Salz
	Pfeffer aus der Mühle
4 EL	frische Kräuter wie Schnittlauch, Petersilie, Kerbel, Thymian
2 EL	kalte Butter
30 g	Parmesan, gerieben

Weiteres

4 EL	gezupfte Kräuter (Kerbel, Thymian, Friséesalat) zum Garnieren
4 EL	Kräuteröl (4 EL Olivenöl mit 1 EL Basilikum mixen) zum Garnieren
	Parmesanscheiben zum Garnieren

etwa 20 Minuten

Zubereitung

- Butter in einem Topf schmelzen lassen und Zwiebeln darin dünsten, ohne dass sie braun werden. Reis dazugeben und glasig dünsten.
- Mit Weißwein ablöschen. Wenn die Flüssigkeit verkocht ist, nach und nach mit heißer Fleischsuppe oder Wasser aufgießen.
- Immer wieder umrühren. Der Reis darf nur leicht mit Fleischsuppe bedeckt sein.
- Inzwischen die Kräuter abzupfen, kurz waschen und nicht zu fein schneiden.
- Wenn der Reis »al dente« ist, Kräuter untermengen, mit Salz und Pfeffer abschmecken und mit kalter Butter und Parmesan verfeinern.
- Mit gezupften Kräutern, Parmesanscheiben und Kräuteröl garnieren und sofort servieren.

VARIATION

Safranrisotto: Anstelle der Kräuter lösen Sie 1 Briefchen Safran oder Safranfäden in Wasser auf und geben die Flüssigkeit in den Risotto.

TIPPS

1. *Für Risotto müssen Sie unbedingt einen stärkehaltigen Rundkornreis verwenden. Dieser setzt während der Zubereitung genügend Stärke frei, damit der Risotto cremig wird.*
2. *Bereiten Sie den Kräuterrisotto einmal ohne Parmesan zu, so kommen die Aromen viel besser zur Geltung.*
3. *Sie können auch noch andere Kräuter verwenden (Bärlauch, Basilikum, Bohnenkraut usw.) oder den Risotto nur mit fein gehacktem Rosmarin würzen.*

Kartoffelteigtaschen mit Äpfeln und Balsamico-Butter

FÜR 4 PERSONEN

Füllung

2	Äpfel (Golden Delicious)
50 g	Speckwürfel
1 EL	Butter
	Salz
2 EL	Topfen (Quark) oder Ricotta
1 EL	Petersilie
	Pfeffer aus der Mühle

Balsamico-Butter

2	Schalotten
120 g	Butter
4 EL	Balsamicoessig
	Salz

Weiteres

	Kartoffelteig (siehe Seite 46)
4 EL	Parmesanspäne
4	Parmesanchips zum Garnieren
1 EL	Kerbelblättchen zum Garnieren

etwa 2 Minuten

Füllung

- Äpfel schälen und in kleine Würfel schneiden. Speck in Butter kurz anrösten. Äpfel sofort dazugeben, leicht salzen und kurz dünsten. Vom Feuer nehmen und etwas auskühlen lassen. Topfen oder Ricotta und Petersilie dazugeben, leicht pfeffern und alles vermengen.

Kartoffelteigtaschen

- Den Kartoffelteig auf einem gut bemehlten Tisch etwa 5 mm dick ausrollen und mit einem runden Ausstecher (etwa 8 cm Ø) Kreise ausstechen. Die Füllung mit einem Löffel daraufgeben, jeden Kreis halbmondförmig zusammenfalten und fest andrücken.
- Die Kartoffelteigtaschen auf ein gut bemehltes Blech legen und bereitstellen.

Balsamico-Butter

- Schalotten fein schneiden und zusammen mit Butter braun werden lassen. Zum Schluss den Balsamessig dazugeben und leicht salzen.

Fertigstellung

- Die Kartoffelteigtaschen in kochendes Salzwasser geben. Sobald sie an die Oberfläche kommen, aus dem Wasser nehmen. Je vier Stück auf einem Teller anrichten.
- Die Parmesanspäne und die Balsamico-Butter darübergeben, mit Parmesanchips und Kerbel garnieren und sofort servieren.

TIPP

Anstelle der Apfelfüllung können Sie auch nur Ricotta verwenden.

Kartoffelblattlen mit Sauerkraut

FÜR 4 PERSONEN

Sauerkraut

500 g	Sauerkraut
750 ml	Wasser
100 g	Speck
3	Wacholderbeeren
5	Pfefferkörner
½ TL	Kümmel
1	Lorbeerblatt
50 g	Butter
100 g	Zwiebeln, in feine Würfel geschnitten
2	Knoblauchzehen, fein gehackt
1 EL	Mehl
	Salz
	Pfeffer aus der Mühle

Kartoffelteig

300 g	Kartoffeln
1	Eigelb
1 EL	zerlassene Butter
100 g	Mehl
1 Msp.	Muskatnuss
	Salz

Weiteres

	Backfett

Kartoffeln: etwa 30 Minuten
Blattlen: etwa 180 Grad
Blattlen: etwa 2 Minuten

Sauerkraut

- Falls das Sauerkraut zu sauer schmeckt, sollte man es ausdrücken oder in kaltem Wasser wässern.
- Wasser zum Sauerkraut geben, Speck im Stück, Wacholderbeeren, Pfefferkörner, Kümmel und Lorbeerblatt dazugeben, etwas salzen und zugedeckt etwa 1½ Stunden leicht köcheln lassen.
- Butter erhitzen, Zwiebeln und Knoblauch darin dünsten, mit Mehl bestreuen und eine helle Mehlschwitze herstellen, diese unter das Kraut mischen, nachwürzen und nochmals etwa 10 Minuten kochen lassen.

Kartoffelteig

- Kartoffeln schälen, in 2 x 2 cm große Würfel schneiden und etwa 30 Minuten in wenig Salzwasser kochen. Abseihen, wieder in den Topf geben und etwa 3 Minuten ausdampfen lassen.
- Kartoffeln passieren, mit Eigelb und zerlassener Butter vermischen und erkalten lassen.
- Mehl, Muskatnuss und Salz unter die Kartoffelmasse kneten.

Kartoffelblattlen

- Den Teig 3–4 mm dick ausrollen, mit einem runden Ausstecher ausstechen, dann in heißem Fett schwimmend ausbacken.

Fertigstellung

- Die gebackenen Kartoffelblattlen mit Sauerkraut servieren.

TIPPS

1. *In den Teig für die Kartoffelblattlen können Sie ½ Teelöffel Anis als Gewürz geben.*
2. *Sauerkraut aus der Dose ist in nur 20–30 Minuten gar.*

Lasagne alla bolognese

FÜR 4 PERSONEN

Bologneser Sauce

100 g	Wurzelgemüse, in kleine Würfel geschnitten (Karotten, Sellerie, Zwiebeln)
20 ml	Öl
300 g	faschiertes Rind- und Schweinefleisch (Schulter)
1 EL	Tomatenmark
125 ml	Rotwein
350 ml	braune Kalbsbrühe oder Wasser
100 g	Tomaten, in Würfel geschnitten
1	Rosmarinzweig
1	Salbeiblatt
½	Knoblauchzehe, fein gehackt
	Salz, Pfeffer aus der Mühle

Eiernudelteig

100 g	Mehl
1	Ei
	Salz
1 TL	Öl

Béchamelsauce

20 g	Butter
20 g	Mehl
500 ml	Milch
	Salz
1 Msp.	Muskatnuss

Weiteres

30 g	Parmesan, gerieben
	Butter zum Ausstreichen der Form und zum Überbacken
12	Kerbelblätter

Sauce: etwa 1½ Stunden
Lasagne: etwa 180 Grad
Lasagne: etwa 30 Minuten

Bologneser Sauce

- Wurzelgemüse in Öl dünsten, Fleisch dazugeben und dünsten, bis die ganze Flüssigkeit verdunstet ist.
- Tomatenmark dazugeben und rösten, bis die gewünschte dunkle Farbe entstanden ist.
- Mit Rotwein nach und nach ablöschen, um Farbe und Geschmack noch zu verstärken.
- Braune Kalbsbrühe oder Wasser und Tomaten dazugeben und die Sauce etwa 1 Stunde langsam köcheln lassen.
- Kurz vor Ende der Garzeit die Würzmittel (Rosmarin, Salbei, Knoblauch) dazugeben, mit Salz und Pfeffer abschmecken und fertig kochen lassen.

Eiernudelteig

- Mehl, Ei, Salz und Öl zu einem geschmeidigen Teig verkneten und zugedeckt etwas ruhen lassen.

Béchamelsauce

- Butter in einem Topf schmelzen lassen und Mehl einrühren.
- Warme Milch aufgießen und alles zusammen unter ständigem Rühren 2–3 Minuten kochen lassen. Mit Salz und Muskatnuss abschmecken.

Fertigstellung Lasagne

- Eiernudelteig mit der Nudelmaschine dünn ausrollen und in 6 x 8 cm große Lasagneblätter schneiden. Die Nudelblätter bissfest kochen, auskühlen lassen, auf ein Küchenkrepp legen und abtropfen lassen.
- Eine feuerfeste Form mit Butter ausstreichen, etwas Béchamelsauce hineingeben, mit Nudelblättern belegen und mit Bologneser Sauce bedecken. Darüber wieder Béchamelsauce geben, mit Parmesan bestreuen. Diesen Vorgang wiederholen, bis alle Zutaten aufgebraucht sind.
- Zum Schluss die Lasagne mit Parmesan bestreuen und mit zerlassener Butter beträufeln, im vorgeheizten Backofen backen und mit Kerbel garnieren und servieren.

Schmorbraten in St.-Magdalener-Sauce

FÜR 4 PERSONEN

Zutaten

800 g	Rindfleisch (Tafelspitz oder Schulternahtl)
	Salz
	Pfeffer aus der Mühle
4 EL	Öl zum Anbraten
300 g	Röstgemüse (Zwiebeln, Karotten, Sellerie)
100 g	Tomaten
30 g	Tomatenmark
250 ml	St. Magdalener oder Barolo
1	Knoblauchzehe
750 ml	Fleischsuppe (siehe Seite 30) oder Wasser
2 EL	getrocknete Steinpilze
1	Thymianzweig
1	Rosmarinzweig
1	Salbeiblatt
½	Lorbeerblatt

Weiteres

1–2 TL	Speisestärke nach Bedarf
1 EL	kalte Butter
	geröstete Brot- und Speckwürfel zum Garnieren

180/160 Grad
2–2½ Stunden

Zubereitung

- Fleisch mit Salz und Pfeffer würzen, in einer heißen Bratpfanne mit Öl auf allen Seiten anbraten und anschließend aus der Pfanne nehmen.
- Röstgemüse in Würfel schneiden, in die Schmorbratpfanne geben, anrösten und eventuell das überschüssige Fett abgießen.
- Tomaten und das Tomatenmark zum Gemüse hinzugeben, mit Rotwein ablöschen, das Fleisch daraufsetzen und die Flüssigkeit fast ganz einkochen lassen.
- Knoblauchzehe, Fleischsuppe oder Wasser, Steinpilze, Thymian, Rosmarin, Salbei und Lorbeer dazugeben und im Backofen zugedeckt weich schmoren.
- Nach der Hälfte der Garzeit Hitze auf 160 Grad reduzieren und weiterbraten. Während des Schmorens das Fleisch öfters wenden.
- Fleisch aus der Pfanne nehmen und warm halten.
- Die Sauce entfetten, etwa 15 Minuten einkochen lassen, abschmecken, passieren, eventuell mit Speisestärke binden und mit Butter verfeinern.

Fertigstellung

- Fleisch in Scheiben schneiden, mit Sauce begießen und mit Brot- und Speckwürfeln garnieren und servieren.

TIPPS

1. *Als Beilage empfehlen wir Kartoffelpüree und Brokkoliröschen mit Mandelbutter.*
2. *Das Kartoffelpüree mit Kartoffelgitter dekorieren.*

Schweinsfilet mit gebratenen Steinpilzen

FÜR 4 PERSONEN

Zutaten

600 g	Schweinsfilet (8 Medaillons)
8	Bauchspeckscheiben
	Salz
	Pfeffer aus der Mühle
5 EL	Öl zum Anbraten

Gebratene Steinpilze

2	Schalotten, gewürfelt
1 EL	Butter
200 g	Steinpilze, geputzt
2 EL	kalte Butter
1 TL	Majoran, fein geschnitten
1 EL	Petersilie, fein geschnitten

Weiteres

4	Petersilienwurzeln, geviertelt, gekocht und in Kräuterbutter geschwenkt
50 ml	braune Kalbssauce
4	Rosmarinzweige zum Garnieren

Zubereitung

- Das Filet in acht Medaillons schneiden, jedes mit einer Speckscheibe umwickeln, mit Salz und Pfeffer würzen und in wenig heißem Öl auf beiden Seiten je 3 Minuten braten. Auf ein Gitter oder eine Platte legen und im Backofen nachziehen lassen.

Gebratene Steinpilze

- Schalotten in Butter dünsten, geviertelte Steinpilze dazugeben und kurz mitbraten.
- Majoran und Petersilie hinzufügen, etwas dünsten lassen und mit kalter Butter verfeinern.

Fertigstellung

- Petersilienwurzeln und Steinpilze auf Teller geben, Schweinsfilet daraufsetzen, mit Rosmarin und brauner Kalbssauce garnieren und servieren.

Schweinsfilet: etwa 6 Minuten

etwa 80 Grad
etwa 6 Minuten

TIPPS

1. *Das Schweinsfilet sollte innen leicht rosa sein, wenn es zu sehr durchgebraten wird, ist es trocken.*
2. *Servieren Sie zu diesem Gericht eine Sauce Hollandaise.*
3. *Als weitere Beilage können Sie Kartoffelpüree, Reis, Röstkartoffeln, Blumenkohl, grüne Bohnen usw. servieren.*

Herrengröstel mit Speck

FÜR 4 PERSONEN

Zutaten

300 g	festkochende Kartoffeln
	Öl zum Anbraten
400 g	Kalbsnuss oder Kalbsfilet, geschnetzelt oder in Streifen geschnitten
60 g	Zwiebeln, in feine Würfel geschnitten
1	Lorbeerblatt
1 TL	Majoran, fein geschnitten
1 TL	Petersilie, fein geschnitten
200 ml	braune Kalbssauce oder Fleischsuppe (siehe Seite 30)
	Salz
	Pfeffer aus der Mühle
1 EL	kalte Butter

Gebackene Zwiebelringe

1	große Zwiebel
	Mehl zum Bestreuen
	Backfett
	Salz

Weiteres

4	Speckscheiben
8	Lorbeerblätter

Kartoffeln: etwa 45 Minuten
Gröstel: etwa 10 Minuten

Zubereitung

- Kartoffeln waschen, in Salzwasser kochen und auskühlen lassen. Schälen und in gleichmäßige Scheiben schneiden.
- In einer Pfanne Öl erhitzen und die Kartoffelscheiben darin goldgelb anbraten.
- Geschnetzeltes Kalbfleisch mit Salz und Pfeffer würzen und zusammen mit Zwiebeln in einer zweiten Pfanne in wenig heißem Öl kurz anbraten.
- Kartoffelscheiben, Lorbeerblatt, Majoran, Petersilie und braune Kalbssauce oder Fleischsuppe hinzufügen und einmal aufkochen lassen.
- Das Herrengröstel mit Salz und Pfeffer abschmecken und mit kalter Butter vollenden.

Gebackene Zwiebelringe

- Zwiebel schälen, in nicht zu dünne Scheiben schneiden, so dass große Ringe entstehen, mit Mehl bestreuen und etwas abklopfen. Zwiebelringe in heißem Backfett goldgelb backen, auf Küchenkrepp abtropfen lassen und leicht salzen.

Fertigstellung

- Die Speckscheiben anbraten, mit gebackenen Zwiebeln zum Gröstel geben, mit Lorbeerblättern garnieren und servieren.

VARIATION

Bauerngröstel: Verwenden Sie anstelle der Kalbsnuss gekochtes Rindfleisch, feinblättrig geschnitten, und anstelle der braunen Kalbssauce Fleischsuppe.

TIPPS

1. *Als Beilage empfehlen wir Krautsalat, Blattsalate usw.*
2. *Anstelle des Kalbsfleisches können Sie auch Schweine- oder Geflügelfleisch verwenden.*
3. *In das Gröstel können Sie auch Steinpilze, Pfifferlinge oder Champignons geben.*

Ossobuco alla milanese

FÜR 4 PERSONEN

Zutaten

4	Kalbsossobuchi (Kalbsstelzenscheiben)
	Salz, Pfeffer aus der Mühle
50 g	Mehl zum Bestauben
50 ml	Öl zum Braten
100 ml	Weißwein
80 g	Zwiebeln
50 g	Karotten
50 g	Stangensellerie
2 EL	Butter zum Braten
150 g	Tomaten, geschält und in Würfel geschnitten
50 g	frische Steinpilze oder 5 Scheiben getrocknete Steinpilze
1 l	braune Kalbsbrühe oder Wasser
je 1	Rosmarinzweig, Salbeiblatt, Petersilienstängel, Thymian
1–2 TL	Speisestärke nach Bedarf
1 EL	kalte Butter

Gremolata

1	Knoblauchzehe, fein gehackt
1 Msp.	Zitronenschale, gerieben
1 EL	Petersilie, fein gehackt

Weiteres

Safranrisotto (siehe Seite 42)
frittierter Lauch zum Garnieren
Petersilie zum Garnieren

etwa 180 Grad
etwa 1½ Stunden

Ossobuco

- Kalbsossobuchi mit Salz und Pfeffer würzen, mit Mehl bestauben, in einer heißen Bratpfanne in Öl anbraten, das Öl abgießen und mit Weißwein ablöschen.
- Inzwischen Zwiebeln, Karotten und Stangensellerie putzen, waschen, kleinwürfelig schneiden und in Butter in einer Pfanne etwas dünsten.
- Tomaten, Steinpilze und braune Kalbsbrühe oder Wasser sowie Ossobuchi zum Gemüse geben, aufkochen lassen und Kräuter hinzufügen, zudecken und im vorgeheizten Backofen weich schmoren.
- Die Sauce nach Bedarf mit etwas brauner Kalbsbrühe oder Wasser aufgießen, entfetten und eventuell mit ein wenig Speisestärke binden und mit kalter Butter verfeinern.

Gremolata

- Alle Zutaten miteinander vermischen.

Fertigstellung

- Safranrisotto in die Mitte des Tellers geben. Fleisch von den Knochen lösen und je einen Knochen auf den Risotto geben. Das Fleisch an den Rändern anrichten. Mit Gemüse und Sauce bedecken und mit Gremolata bestreuen.
- Mit frittiertem Lauch und Petersilie garnieren und servieren.

TIPPS

1. *Die Kräuter kann man zu einem Bündel zusammenbinden und in die Sauce geben.*
2. *Als Beilage eignen sich auch Polenta oder Kartoffelpüree.*

Lammbratl

FÜR 4 PERSONEN

Zutaten

800 g	Milchlamm (Schulter, Schlegel, Brust)
	Salz
	Pfeffer aus der Mühle
4 EL	Öl zum Anbraten
100 g	Zwiebeln
2	Knoblauchzehen, grob geschnitten
1 EL	Tomatenmark
250 ml	kräftiger Weißwein
500 ml	Fleischsuppe (siehe Seite 30) oder Wasser
1	Lorbeerblatt
1	Rosmarinzweig
1	Salbeiblatt
1	Thymianzweig
1	Tomate, in Würfel geschnitten
1–2 TL	Speisestärke nach Bedarf

Weiteres

50 g	gekochte Saubohnenkerne
1	gedünsteter Frühlingslauch
4	gekochte Gartenkarotten
4	gekochte grüne Spargelspitzen
4	neue Kartoffeln, halbiert und gebraten

etwa 180 Grad
etwa 2 Stunden

Zubereitung

- Die Fleischteile vom Milchlamm, mit Salz und Pfeffer würzen, mit etwas Öl beträufeln und im heißen Backofen braten.
- Zwiebeln schälen, in große Würfel schneiden, zusammen mit Knoblauch zum Fleisch geben und mitbraten.
- Tomatenmark zugeben, mit Weißwein ablöschen und etwas einkochen lassen.
- Mit Fleischsuppe oder Wasser aufgießen und langsam weitergaren lassen.
- Lorbeer, Rosmarin, Salbei, Thymian und Tomatenwürfel zugeben und noch etwa 10 Minuten fertig garen lassen.

Fertigstellung

- Das Fleisch aus der Sauce nehmen und warm stellen.
- Die Sauce passieren, eventuell mit 1 Teelöffel Speisestärke binden.
- Das Fleisch in Scheiben schneiden, mit Saubohnen, Frühlingslauch, Gartenkarotten, Spargelspitzen, Kartoffeln und der Sauce auf Tellern anrichten und servieren.

TIPPS

1. *Sie können das Fleisch auch ohne Knochen zubereiten.*
2. *Als Beilage eignen sich auch gedünstetes Weißkraut, Bohnen mit Speck oder Krautsalat.*
3. *Das Lammbratl wird in Südtirol auch als* **Bauernschöpsernes** *bezeichnet.*

Rosa gebratene Rehnuss

Für 4 Personen

Zutaten

800 g	Rehnuss
	Salz
	Pfeffer aus der Mühle
2 EL	Öl zum Anbraten
100 g	Zwiebeln
50 g	Karotten
40 g	Stangensellerie
600 ml	braune Kalbsbrühe oder Wasser
1	Thymianzweig
1	Rosmarinzweig
2	Salbeiblätter
1 TL	Tomatenmark
100 ml	kräftiger Rotwein
3	Wacholderbeeren, zerdrückt
1 EL	Preiselbeermarmelade

Weiteres

1–2 TL	Speisestärke nach Bedarf
1 EL	kalte Butter
2 EL	Speckstreifen zum Garnieren
2 EL	geröstete Brotwürfel zum Garnieren
	Beilagen: glasierte Schalotten, gekochter Blumenkohl, Schwarzbeeren und gebratene Steinpilze

etwa 180 Grad

etwa 30 Minuten

Zubereitung

- Rehnuss von den Sehnen befreien (parieren), mit Salz und Pfeffer würzen.
- In einer heißen Bratpfanne in etwas Öl auf allen Seiten anbraten, die Sehnen und Abschnitte dazugeben, das geputzte, gewaschene und in grobe Würfel geschnittene Gemüse (Zwiebeln, Karotten, Stangensellerie) dazugeben und rösten.
- Mit etwas brauner Kalbsbrühe oder Wasser aufgießen und im vorgeheizten Backofen garen.
- Fleisch herausnehmen, mit den Kräuterzweigen (Thymian, Rosmarin, Salbei) in Alufolie wickeln und nachziehen lassen.
- Tomatenmark zum Bratensatz geben, ebenfalls anrösten, dann mit Rotwein ablöschen, mit der übrigen braunen Kalbsbrühe aufgießen, zerdrückte Wacholderbeeren und Preiselbeermarmelade dazugeben.
- Wildsauce langsam etwa 15 Minuten kochen lassen, bis sie die gewünschte Konsistenz hat.
- Sauce passieren, eventuell mit etwas Speisestärke und kalter Butter binden.

Fertigstellung

- Die Rehnuss in Scheiben schneiden, mit den Beilagen anrichten und mit der Sauce, Brotwürfeln und Speckstreifen garnieren und servieren.

TIPPS

1. *Als Beilage eignen sich auch Kartoffelgratin, Polenta, Spatzlen, Blaukraut usw.*
2. *Anstelle der Rehnuss können Sie auch Gams- oder Hirschschlegelteile wie Nuss oder Lange Seite (Frikandeau) verwenden.*

Forellenfilet auf mediterranem Gemüse

Für 4 Personen

Mediterranes Gemüse

150 g	Zwiebeln
1 EL	Zucker
50 ml	Weißwein
1	Sardellenfilet
½	Knoblauchzehe, fein gehackt
1	Lorbeerblatt
1	Thymianzweig
60 ml	Olivenöl
	Salz
½	Peperoncino, zerrieben
100 g	gekochte grüne Saubohnen (Fave), halbiert

Weiteres

4	Forellenfilets
	Salz
50 g	Butter zum Braten
1	Thymianzweig
4 EL	Kräuteröl zum Garnieren (4 EL Olivenöl mit 1 EL Basilikum mixen)
1 TL	Kresse

Gemüse: etwa 15 Minuten
Forellenfilet: etwa 4 Minuten

Mediterranes Gemüse

- Zwiebeln schälen, halbieren und in größere Streifen schneiden.
- Zucker in einem flachen Kochtopf karamellisieren und mit Weißwein ablöschen.
- Zwiebeln, Sardellenfilet, Knoblauch, Lorbeerblatt, Thymianzweig und Olivenöl dazugeben, mit Salz und Peperoncino würzen und langsam weich dünsten.
- Saubohnen dazugeben und warm stellen.

Fertigstellung

- Aus den Forellenfilets die Gräten mit einer Pinzette herausziehen und in zwei Teile schneiden.
- Die Filets salzen, Butter in einer Pfanne erhitzen und Filets auf der Hautseite 2 Minuten anbraten, dann umdrehen, Thymianzweig dazugeben und etwa 2 Minuten fertig braten.
- Forellenfilets auf dem mediterranen Gemüse anrichten und mit Kräuteröl und Kresse garnieren und servieren.

TIPPS

1. *Servieren Sie anstelle des Zwiebel-Bohnen-Gemüses ein Linsengemüse.*
2. *Sie können auch Zander, Steinbutt oder Kabeljau verwenden.*
3. *Anstelle der Saubohnen verwenden Sie Erbsenschoten oder grüne Bohnen.*

Stockfischgröstel

Für 4 Personen

Zutaten

600 g	Stockfisch
2 l	Wasser
200 g	gekochte Kartoffeln
40 ml	Öl zum Anbraten
60 g	Zwiebeln
40 ml	Olivenöl zum Anbraten
1	Knoblauchzehe, fein gehackt
70 ml	Weißwein
150 ml	Sahne
1 TL	Dill fein, geschnitten
1 EL	Petersilie, fein geschnitten
1	Lorbeerblatt
	Salz
	Pfeffer aus der Mühle
1 TL	Weißweinessig

Weiteres

Kerbel zum Garnieren

Stockfisch: etwa 40 Minuten
Gröstel: etwa 6 Minuten

Zubereitung

- Stockfisch waschen, etwa 24 Stunden in Wasser einlegen und dabei das Wasser öfters wechseln.
- Dann in einem Topf im Wasser langsam weich kochen, den Fisch im Sud erkalten lassen und in kleine Stücke zerpflücken.
- Kartoffeln, in Scheiben schneiden und in einer Pfanne mit Öl (wie Röstkartoffeln) anbraten.
- Zwiebeln in feine Streifen schneiden und in Olivenöl dünsten, nun Knoblauch und Fisch dazugeben und mitdünsten.
- Mit Weißwein aufgießen, dann Sahne, Dill, Petersilie, Lorbeerblatt sowie Röstkartoffeln dazugeben, mit Salz, Pfeffer und Weißweinessig würzen.
- Etwas ruhen lassen, mit Kerbel garnieren und servieren.

TIPPS

1. *Als Beilage eignen sich Blattsalate.*
2. *Sie können das Stockfischgröstel auch mit gebackenen Zwiebelringen (siehe Seite 54) servieren.*
3. *Fragen Sie beim Fischhändler nach bereits gewässertem Stockfisch.*

Marillenknödel

FÜR 4 PERSONEN, ETWA 8 KNÖDEL

Topfenteig

80 g	weiche Butter
4	Eigelb
400 g	Topfen (Quark), ausgedrückt
1 Pkg.	Vanillezucker
1 Msp.	Zitronenschale, gerieben
1 Prise	Salz
250 g	Mehl

Füllung

8	kleine Marillen (Aprikosen)
80 g	Rohmarzipan zum Füllen

Weiteres

50 g	Zucker
1 TL	Zimt
100 g	geröstete Brotbrösel
50 g	zerlassene Butter
4	Zitronenmelisse-zweige zum Garnieren
50 ml	Karamellsauce zum Garnieren
	Staubzucker zum Bestreuen

etwa 15 Minuten

Topfenteig

- Weiche Butter mit Eigelb verrühren, dann mit Topfen, Vanillezucker, Zitronenschale, Salz und Mehl rasch zu einem Teig verkneten.
- Den Teig etwa 1 Stunde im Kühlschrank ruhen lassen.

Fertigstellung

- Den Topfenteig 1 cm dick ausrollen und in acht gleich große Quadrate schneiden.
- Marillen waschen, trocknen, einschneiden, jedoch nicht ganz durchschneiden, den Kern herausnehmen und mit je 10 g Rohmarzipan füllen.
- Nun die Topfenteig-Quadrate um die Marillen wickeln, gut verschließen und zu Knödeln formen.
- Die Knödel in reichlich Salzwasser kochen.
- Zucker, Zimt und Brotbrösel vermischen, die Knödel darin wälzen und auf Tellern anrichten. Mit zerlassener Butter übergießen, mit Zitronenmelisse, Karamellsauce und Staubzucker garnieren und servieren.

VARIATIONEN

Erdbeerknödel: Anstelle der Marillen können Sie Erdbeeren verwenden. Die Früchte etwas befeuchten und im Zucker wälzen, dann gleich in den Teig einhüllen wie bei den Marillenknödeln.
Zwetschgenknödel: Anstelle der Marillen können Sie Zwetschgen verwenden.

TIPPS

1. *Dazu passen sehr gut Vanillesauce (siehe Seite 68), Zimteis oder Weinschaum.*
2. *Anstelle des Rohmarzipans können Sie ½ Zuckerwürfel oder 1 Teelöffel Marillenmarmelade (Aprikosenmarmelade) in die Früchte geben.*

Apfelküchlein mit Vanillesauce

Für 4 Personen

Zutaten

2	mittelgroße Äpfel
½	Zitrone, Saft

Vanillesauce

250 ml	Milch
60 g	Zucker
1 Pkg.	Vanillezucker oder 1 Vanilleschote
1 Msp.	Zitronenschale, gerieben
1 Prise	Salz
3	Eigelb
2 TL	Speisestärke
125 ml	geschlagene Sahne

Backteig/Bierteig

125 g	Mehl
125 ml	Milch oder Bier
2	Eigelb
½ Pkg.	Vanillezucker
1 EL	Öl
2	Eiweiß
1	Prise Salz
1 EL	Zucker

Weiteres

	Backfett
3 EL	Zucker zum Wälzen
1 EL	Zimt zum Wälzen
4	Minzeblätter zum Garnieren
2 EL	Erdbeersauce zum Garnieren

etwa 180 Grad
etwa 3 Minuten

Vorbereitung

- Äpfel schälen, mit dem Kernausstecher die Kerne entfernen und in 5 mm dicke Scheiben schneiden. Mit Zitronensaft beträufeln und 10 Minuten ziehen lassen.

Vanillesauce

- Milch mit 20 g Zucker, Vanillezucker oder aufgeschnittener Vanilleschote, Zitronenschale und Salz zum Kochen bringen.
- Eigelb mit restlichem Zucker und Speisestärke in einer Schüssel verrühren, kochende Milch dazugießen, in einen Topf umschütten und unter ständigem Rühren auf den Siedepunkt bringen.
- Eventuell durch ein Sieb passieren, leicht auskühlen lassen und die geschlagene Sahne einrühren.

Backteig/Bierteig

- Mehl in eine Schüssel geben, mit Milch oder Bier und Eigelb glatt rühren.
- Vanillezucker und Öl einrühren.
- Eiweiß mit Salz aufschlagen, mit Zucker zu Eischnee schlagen und unter den Backteig ziehen.

Fertigstellung

- Das Backfett erhitzen.
- Die vorbereiteten Apfelscheiben mit der Gabel in den Backteig tauchen und im heißen Fett schwimmend beidseitig hellbraun backen. Auf einem Küchenkrepp abtropfen lassen.
- Zucker mit Zimt vermischen und die Apfelküchlein darin wälzen. Die Küchlein mit Vanillesauce, Minze und Erdbeersauce anrichten und servieren.

TIPP

Die Apfelküchlein können Sie mit Zimtsauce und Vanilleeis servieren.

Südtiroler Apfelstrudel

FÜR 1 STRUDEL, ETWA 10 STÜCK

Füllung

600 g	Äpfel (Golden Delicious oder Jonagold)
30 g	Brotbrösel
1 EL	Butter
90 g	Zucker
30 g	Butter
30 g	Sultaninen
20 g	Pinoli
20 g	Mandeln, fein gerieben
15 g	Walnüsse, grob gehackt
2 EL	Rum
1 Pkg.	Vanillezucker
½ TL	Zimt
1 Msp.	Zitronenschale, gerieben

Mürbteig

120 g	Butter
100 g	Staubzucker
1 Msp.	Zitronenschale, gerieben
1 Pkg.	Vanillezucker
1	Ei
1 EL	Sahne oder Milch
300 g	Mehl
½ Pkg.	Backpulver
1 Prise	Salz

Weiteres

1	Ei zum Bestreichen
	Staubzucker zum Bestreuen
50 ml	geschlagene Sahne zum Garnieren
½ TL	Zimt
50 g	Preiselbeermarmelade zum Garnieren

etwa 180 Grad
etwa 40 Minuten

Füllung

- Äpfel schälen, entkernen und in kleine Scheiben schneiden.
- Brotbrösel in einer Pfanne leicht bräunen und mit etwas Butter anrösten.
- Zucker in einem flachen Kochtopf karamellisieren, Äpfel und Butter dazugeben und 2 Minuten glasieren.
- Äpfel kurz auskühlen lassen und mit Brotbröseln, Sultaninen, Pinoli, Mandeln, Walnüssen, Rum, Vanillezucker, Zimt und Zitronenschale mischen.

Mürbteig

- Die nicht zu kalte Butter mit Staubzucker, Zitronenschale und Vanillezucker rasch zu einer homogenen Masse verarbeiten, bis keine Butterstücke mehr zu sehen sind.
- Ei und Sahne oder Milch dazugeben, Mehl, gesiebtes Backpulver und Salz beimischen und zu einem Teig verkneten.
- In Klarsichtfolie einwickeln (um den Teig vor dem Austrocknen zu schützen) und etwa 1 Stunde im Kühlschrank ruhen lassen.

Fertigstellung

- Den Mürbteig auf einem bemehlten Nudelbrett 40 x 25 cm groß ausrollen, am Rand zwei schmale Längsstreifen vom Teig abschneiden und bereitstellen.
- Den Teig auf ein mit Butter bestrichenes oder mit Papier ausgelegtes Backblech legen. Die Apfelfüllung auf den Teig geben und den Strudel einschlagen.
- Den Strudel mit verquirltem Ei bestreichen, mit den restlichen Teigstreifen verzieren und im Backofen backen.
- Strudel mit Staubzucker bestreuen, in Scheiben schneiden und auf Tellern mit Schlagsahne anrichten. Mit Zimt und Preiselbeermarmelade garnieren und servieren.

Schwarzpolentatorte BUCHWEIZENTORTE

FÜR 1 TORTENFORM (26 CM Ø), 15 STÜCK

Zutaten

230 g	weiche Butter
200 g	Zucker
6	Eigelb
150 g	Schwarzpolentamehl (Buchweizenmehl)
30 g	Speisestärke (Weizen- oder Maisstärke)
150 g	Haselnüsse, gerieben
1 Pkg.	Backpulver
1 Msp.	Zitronenschale, gerieben
6	Eiweiß

Weiteres

	Butter zum Ausstreichen der Form
	Mehl zum Bestreuen
200 g	Preiselbeermarmelade zum Füllen
	Staubzucker zum Bestreuen
100 g	geschlagene Sahne zum Garnieren
½ TL	Zimt

etwa 180 Grad
etwa 40 Minuten

Zubereitung

- Butter mit 100 g Zucker schaumig rühren. Eigelb nach und nach unterrühren und Schwarzpolentamehl, Speisestärke, geriebene Haselnüsse, gesiebtes Backpulver und Zitronenschale untermischen.
- Eiweiß mit den restlichen 100 g Zucker zu Schnee schlagen und unterheben.
- Die Masse in die gebutterte und mehlierte Tortenform geben, im vorgeheizten Backofen backen und auskühlen lassen.
- Die Torte in der Mitte durchschneiden, mit Preiselbeermarmelade füllen, in Stücke schneiden, auf Teller geben und mit Staubzucker bestreuen.
- Die geschlagene Sahne mit Zimt bestreuen und dazu servieren.

TIPPS

1. *Die Schwarzpolentatorte können Sie auch mit Marillenmarmelade (Aprikosenmarmelade) füllen.*
2. *Servieren Sie Vanillesauce (siehe Seite 68) oder Weißweinschaum zur Torte.*
3. *Sie können die Torte auch mit geschlagener Sahne oder Schokoladenmousse füllen.*

Schwarzbeerschmarren

FÜR 4 PERSONEN

Zutaten

140 g	Mehl
100 ml	Milch
100 ml	Sahne
4	Eigelb
½ Pkg.	Vanillezucker
40 g	geschälte Mandeln, gerieben
1 EL	Schwarzbeerlikör
4	Eiweiß
1	Prise Salz
40 g	Zucker
200 g	Schwarzbeeren (Heidelbeeren)

Weiteres

Öl zum Backen
Butter zum Schwenken
Staubzucker zum Bestreuen

etwa 180 Grad
etwa 5 Minuten

Zubereitung

- Mehl, Milch, Sahne, Eigelb, Vanillezucker, Mandeln und Schwarzbeerlikör zu einem glatten Teig verrühren.
- Eiweiß und Salz aufschlagen, mit Zucker zu Schnee schlagen und unter die Masse heben.

Fertigstellung

- In einer großen Pfanne etwas Öl erhitzen, den Schmarrenteig hineingießen, mit Schwarzbeeren bestreuen und die Unterseite goldgelb backen, dann umdrehen und ebenfalls goldgelb backen.
- Anschließend die Pfanne in den vorgeheizten Backofen geben und den Schmarren fertig backen.
- Danach wird der Schwarzbeerschmarren mit zwei Gabeln in Stücke gerissen.
- Mit etwas Staubzucker bestreuen, etwas Butter dazugeben und noch kurz auf dem Herd schwenken, sodass der Zucker karamellisiert.
- Auf heißen Tellern anrichten, mit Staubzucker bestreuen und servieren.

VARIATIONEN

Apfelschmarren: Anstelle der Schwarzbeeren können Sie Apfelscheiben verwenden.
Kaiserschmarren: Dafür den Teig mit etwa 50 g Rosinen statt mit Schwarzbeeren bestreuen.
Kirschschmarren: Anstelle der Schwarzbeeren können Sie entsteinte Kirschen verwenden.

TIPPS

1. *Sie können zum Schwarzbeerschmarren auch Äpfel-, Birnen-, Quittenkompott usw. servieren.*
2. *Anstelle von Sahne können Sie auch Milch verwenden, mit Sahne wird der Schmarren etwas feiner.*

Tiramisu mit Erdbeeren

Für 4 Personen

Zutaten

- 1 Blatt Gelatine
- 2 Eigelb
- 80 g Zucker
- 200 g Mascarpone
- 1 TL Rum
- 200 ml geschlagene Sahne
- 8 Biskuit (runde Böden), oder Löffelbiskuit
- 80 ml Kaffee

Weiteres

- 1 TL Kakaopulver zum Bestreuen
- 4 EL Erdbeersauce (mit etwas Zucker pürierte Erdbeeren)
- 100 g Erdbeeren, geviertelt
- 1 TL Staubzucker
- ½ TL Zitronensaft
- 4 Minzeblätter zum Garnieren

Zubereitung

- Gelatine in kaltem Wasser 15 Minuten einweichen.
- Eigelb mit Zucker schaumig rühren und Mascarpone unter die Eiermasse geben.
- Gelatine mit Rum im Wasserbad auflösen, zur Mascarponecreme geben und die Masse auf etwa 10 Grad abkühlen lassen.
- Dann die geschlagene Sahne unterheben.
- Ringformen mit Folie auslegen, Biskuitböden rund ausstechen und einlegen, mit Kaffee beträufeln und etwas von der Creme daraufgeben. Restliche Biskuitböden daraufsetzen, mit Kaffee beträufeln, mit Creme abschließen, glatt streichen und kühl stellen.

Fertigstellung

- Das Tiramisu aus der Form stürzen, die Folie ablösen und mit Kakaopulver bestreuen.
- Erdbeeren mit Staubzucker und Zitronensaft marinieren.
- Das Tiramisu auf Tellern anrichten, mit Erdbeersauce, marinierten Erdbeeren und Minze garnieren und servieren.

TIPPS

1. *Die Mascarponecreme kann mit Himbeeren, Johannisbeeren, Walderdbeeren, Scharzbeeren vermengt werden.*
2. *Servieren Sie das Tiramisu mit verschiedenen Saucen (Vanillesauce – siehe Seite 68, Schokoladen-, Moccasauce usw.).*
3. *Sie können statt des Biskuits auch Amarettikekse verwenden.*

Buchteln

Für 4 Personen,
12 kleine Buchteln

Hefeteig

25 g	Hefe
40 g	Zucker
100 ml	lauwarme Milch
2	Eier
1 Pkg.	Vanillezucker
1 TL	Orangenschale, gerieben
20 ml	Rum
300 g	Mehl
40 g	zerlassene Butter
1 Prise	Salz

Weiteres

	Marillenmarmelade (Aprikosenmarmelade) zum Füllen
	zerlassene Butter zum Bestreichen
	Staubzucker zum Bestreuen
100 ml	Vanillesauce (siehe Seite 68)
	Ananassalbei zum Garnieren

etwa 180 Grad
etwa 30 Minuten

Hefeteig

- Für das Dampfl zerbröckelte Hefe und Zucker mit lauwarmer Milch verrühren und 15 Minuten zugedeckt bei maximal 35 Grad aufgehen lassen.
- Eier, Vanillezucker, Orangenschale und Rum vermischen und leicht erwärmen.
- Mehl, Dampfl und Eiergemisch vermischen, dann zerlassene Butter und Salz dazugeben. Mit der Rührmaschine den Teig gut durchkneten bzw. schlagen, bis er Blasen wirft und wieder 15 Minuten zugedeckt aufgehen lassen.

Fertigstellung

- Den Teig mit einem Nudelholz etwa 1,5 cm dick ausrollen und mit einem runden Ausstecher (6 cm Ø) ausstechen, Marillenmarmelade daraufgeben und gut verschließen.
- Die Buchteln mit zerlassener Butter bestreichen und mit der Verschlussstelle nach unten nebeneinander in eine Alu- oder Auflaufform schichten. Mit einem Tuch bedeckt nochmals an einem warmen Ort 20 Minuten aufgehen lassen, dann backen.
- In der Form kurz auskühlen lassen und dann auf das Backbrett stürzen, auseinandernehmen, mit Staubzucker bestreuen und noch warm mit Vanillesauce und Ananassalbei servieren.

Variationen

Mohnbuchteln: Sie können die Buchteln mit etwa 200 g Mohnfüllung (siehe Seite 80) füllen.
Kastanienbuchteln: Sie können die Buchteln mit etwa 200 g Kastanienfüllung füllen.
Nussbuchteln: Sie können die Buchteln mit etwa 200 g Nussfüllung füllen.

Tipp

Servieren Sie zu den Buchteln anstatt der Vanillesauce eine Zimtsauce.

Mohnkrapfen

FÜR ETWA 40 KRAPFEN

Krapfenteig

500 g	Mehl
60 ml	lauwarme Milch
60 ml	Öl
60 ml	lauwarmes Wasser
1 EL	Rum
1 EL	Zucker
2	Eigelb
1	Ei
1 Prise	Salz

Mohnfüllung

200 ml	Wasser
250 g	Zucker
250 g	Mohn, fein gemahlen
1 EL	Honig
1 Msp.	Zitronenschale, gerieben
½ TL	Zimt
1 Pkg.	Vanillezucker
1 EL	Rum

Weiteres

	Backfett
	Staubzucker zum Bestreuen
50 ml	Vanillesauce
	Minze zum Garnieren

etwa 190 Grad
etwa 3 Minuten

Krapfenteig

- Mehl in eine große Schüssel geben und mit Milch, Öl, Wasser, Rum, Zucker, Eigelb, Ei und Salz vermischen.
- Auf einer Arbeitsfläche (Nudelbrett oder Tisch) zu einem glatten Teig verkneten und zugedeckt 20 Minuten ruhen lassen.

Mohnfüllung

- Wasser mit Zucker aufkochen, Mohn dazugeben und kurz kochen lassen. Mit Honig, Zitronenschale, Zimt, Vanillezucker und Rum abschmecken.

Fertigstellung

- Den Teig in zwei Stücke teilen, mit der Nudelmaschine dünn austreiben und in 10 cm breite Streifen schneiden.
- Auf die Hälfte des Streifens in regelmäßigen Abständen die Mohnfüllung geben, nun den Rand zusammenfalten, mit den Händen die Ränder andrücken und mit dem Teigrad die Krapfen abradeln.
- Das Backfett erhitzen und die Krapfen auf einer Seite knusprig braun backen, dann umdrehen und auf der zweiten Seite fertig backen. Herausnehmen und auf einem Küchenkrepp das Fett abtropfen lassen.
- Mit Staubzucker bestreuen, mit Vanillesauce und Minze garnieren und servieren.

VARIATIONEN

Nusskrapfen: Anstelle der Mohnfüllung verwenden Sie eine Nussfüllung.
Marillenmarmeladekrapfen: Sie können die Krapfen statt mit Mohnfüllung, mit je 1 Teelöffel Marillenmarmelade füllen.
Preiselbeerkrapfen: Anstelle der Mohnfüllung verwenden Sie für jeden Krapfen 1 Teelöffel Preiselbeermarmelade als Füllung.

TIPPS

1. *Nach Wunsch können Sie in die Füllung auch Biskuitbrösel geben.*
2. *Wenn das Backfett nicht heiß genug ist, saugen die Krapfen viel mehr Fett auf.*

Topfentirtlen

FÜR ETWA 8 TIRTLEN

Teig

120 g	Roggenmehl
140 g	Mehl
2 EL	Sahne
1	Ei
50 ml	lauwarme Milch
1 Prise	Salz

Füllung

50 g	Zwiebeln
50 g	Butter
300 g	Topfen (Quark) oder Ricotta
1 EL	Schnittlauch, fein geschnitten
	Salz
	Pfeffer aus der Mühle

Weiteres

	Backfett

etwa 180 Grad
etwa 4 Minuten

Teig

- Roggenmehl mit Mehl vermischen und mit Sahne, Ei, lauwarmer Milch und Salz zu einem glatten Teig verkneten.
- Den Teig in Klarsichtfolie wickeln und 30 Minuten ruhen lassen.

Füllung

- Zwiebeln schälen, in kleine Würfel schneiden und in Butter dünsten. Topfen oder Ricotta und fein geschnittenen Schnittlauch dazugeben, alles gut vermischen und dann mit Salz und Pfeffer würzen.

Fertigstellung

- Den Teig zu einer Rolle formen und in 16 gleich große Stücke schneiden. Mit dem Nudelholz zu runden Blättern (etwa 14 cm Ø) ausrollen oder mit der Nudelmaschine dünn ausrollen und ausstechen.
- Die Füllung auf 8 Blätter gleichmäßig auftragen, dabei die Teigränder etwa 2 cm freilassen. Dann die Ränder leicht mit Wasser bestreichen.
- Ein zweites, gleich großes Teigblatt darauflegen und die Ränder fest zusammendrücken.
- Die Tirtlen in Backfett schwimmend backen, anschließend auf einem Küchenkrepp abtropfen lassen und servieren.

VARIATIONEN

Spinattirtlen: 50 g Zwiebeln schälen, in kleine Würfel schneiden und in 50 g Butter dünsten. 300 g gekochten und fein gehackten Spinat dazugeben, alles gut vermischen und mit Salz und Pfeffer würzen.
Krauttirtlen: Anstelle der Topfenfüllung können Sie auch gekochtes Sauerkraut in die Tirtlen einfüllen.

Pusterer Breatlen

Für etwa 4 Brotlaibe
(etwa 1,5 kg Teig)

Zutaten

400 ml	Wasser
200 g	Sauerteig vom Bäcker
15 g	Hefe
150 g	Mehl
200 g	Roggenvollkornmehl
350 g	Roggenmehl
2 TL	Brotklee (Zigeunerkraut)
15 g	Salz
1 TL	Koriander, zerstoßen
1 EL	Fenchelsamen
1 EL	Kümmel

etwa 180 Grad
etwa 30 Minuten

Zubereitung

- Wasser erwärmen und mit Sauerteig und Hefe verrühren.
- In einer Schüssel Mehl, Roggenvollkornmehl, Roggenmehl, den verrührten Sauerteig, Brotklee, Salz, Koriander, Fenchelsamen und Kümmel in der Küchenmaschine zu einem glatten Teig verkneten und mit einer Klarsichtfolie oder einem Tuch zugedeckt etwa 20 Minuten bei maximal 35 Grad aufgehen lassen.
- Den Teig nochmals verkneten, zu flachen Brotlaiben formen, mit etwas Mehl bestreuen, etwa 20 Minuten aufgehen lassen und anschließend im vorgeheizten Backofen backen.

VARIATION

Vinschgerlen: Für die Vinschgerlen verwenden Sie den Breatlteig, formen jeweils 2 kleine Brotlaibe, die sie paarweise zusammenlegen, sodass sie sich beim Aufgehen verbinden und ein Paar darstellen.

TIPPS

1. *Den* ***Sauerteig*** *können Sie selbst herstellen: 1 Naturjoghurt (125 ml) mit 5 g Hefe und 2 EL Roggenmehl vermischen, bei 35 Grad zugedeckt 10 Stunden warm stellen und immer wieder umrühren (3–4-mal) und jeweils 1 EL Roggenmehl und 1 EL lauwarmes Wasser hinzufügen.*
2. *Anstelle des Roggenvollkornmehls können Sie auch Dinkelvollkorn- oder Kamutmehl verwenden.*

Die Autoren bedanken sich bei folgenden Firmen

BRAUEREI FORST AG | Algund, Vinschgauer Straße 8 | Tel. 0473 26 01 11 | www.forst.it

HAUS IDEA | Meran, Kravoglstraße 29 | Tel. 0473 49 22 00 | www.hausidea.it

KÜPPERSBUSCH | Kurtatsch, Weinstraße 3 | Tel. 0471 88 01 73 | www.kueppersbusch.it

MILA · MILKON SÜDTIROL | Bozen, Innsbrucker Straße 43 | Tel. 0471 451 111 | www.mila.it

QUALITÄTSZEICHEN SÜDTIROL | www.suedtirolerspezialitaeten.com

BAR · KÜCHE · WÄSCHEREI | Tel. 0471 96 86 00 | www.niederbacher.it

PIRCHER BRENNEREI | Lana, Bozner Straße 17 | Tel. 0473 55 80 00 | www.pircher.it

RECLA GmbH | Schlanders, Vezzan 99 | Tel. 0473 73 73 00 | www.recla.it

A. RIEPER AG | Vintl, B.-v.-Guggenberg-Straße 6 | Tel. 0472 86 79 00 | www.rieper.com

HOTEL SCHÖNBLICK | Rodeneck, Gifen 143 a | Tel. 0472 45 41 41 | www.schoenblick.com

Kleines Küchenlexikon

Dieses kleine Glossar erklärt einige bekannte Fachbegriffe, die zum Kochen und Backen in der Küche gebraucht werden. In der Auflistung finden Sie Zubereitungsmethoden und handwerkliche Begriffe, die Ihnen in den Rezepten begegnen und über die Sie vielleicht noch einmal genau informiert werden möchten.

Apfelkiechl/Apfelküchl	Apfelscheiben in Backteig/Bierteig gebacken und mit Zimtzucker bestreut
Beluga-Linsen	sehr kleine, schwarz glänzende Linsen; erinnern an Kaviar, daher der Name; kurze Garzeit und feines Aroma
Blutnudeln/ Schwoasnudeln	hausgemachte Bandnudeln unter Zugabe von gerührtem Schweineblut
Bauernschmaus	Schweinerippchen, Selchkarree, Hauswürste, Sauerkraut und Speckknödel
Graukäse/Graukas	pikanter, intensiv riechender Almkäse
Gröstel	geröstete Kartoffelscheiben mit Kalb- oder Rindfleisch
Kaminwurzen	kleine geräucherte, luftgetrocknete Würste (auch aus Wildfleisch)
Saure Suppe	Kuttelsuppe; gekochter Rinder- oder Schweinemagen (Kaldaunen)
Schlutzkrapfen/ Schlutzer	Teigtaschen, meist gefüllt mit Spinat und Topfen (Quark), serviert mit Parmesan und brauner Butter
Schüttelbrot	hartes, knuspriges Fladenbrot aus Roggenmehl, mit Fenchelsamen und Kümmel gewürzt
Speck	geräucherter, luftgetrockneter Schinkenspeck
Tirtlen	meist mit Kraut oder Topfen (Quark) gefüllte und gebackene Teigblätter

Ländertypische Bezeichnungen

Öfters kommt es auch innerhalb der deutschsprachigen Länder zu Missverständnissen und Verwechslungen aufgrund von unterschiedlichen Benennungen. Die nachstehende Übersicht soll für Klarheit sorgen.

Südtirol/Österreich	Deutschland
Dampfl	Hefevorteig (Ansatz)
Eidotter	Eigelb
Eiklar	Eiweiß
Erdäpfel	Kartoffeln
Germ	Hefe
Kastanien	Maroni
Knödel	Klöße
Knödelbrot	Weißbrotwürfel
Kobis	Weißkraut/Weißkohl

Südtirol/Österreich	Deutschland
Kren	Meerrettich
Marende	Jause/Brotzeit
Marillen	Aprikosen
Paradeiser	Tomaten
Sahne/Obers	Sahne
Schwarzbeeren	Heidelbeeren
Staubzucker	Puderzucker
Topfen	Quark
Zwetschge/Zwetschke	Zwetschge/Pflaume

Register

Stichwörter mit **roten** Seitenzahlen befinden sich im Rezeptteil. Stichwörter mit **schwarzen** Seitenzahlen befinden sich im Abschnitt »Wissenswertes«.